——人生100年時代“最強の習い事”——

そうだ！音楽教室に行こう

ビギナーも、ガチ派も、
再チャレンジ派も‼

大内孝夫

音楽之友社

人生100年時代〝最強の習い事〟 **そうだ！音楽教室に行こう** ビギナーも、ガチ派も、再チャレンジ派も!!

目次

目次……2
プロローグ……6

第1章　日本独自の進化形「音楽教室3・0」の幕開け……9

▼すごい！大人の音楽教室の潜在人口……10
▼子どもの頃、習っていたのに……11
▼「音楽教室3・0」時代の到来！……13
▼イメージを覆すデータの数々……15
「大人」といっても20〜30代ばかりなのでは？……15
女性ばかりだろうから行きにくい……15
まったくの初心者が行くところではないでしょ？……16
子どもに混じって習うのは嫌！……16
ポピュラー音楽（またはジャズ、ロックなど）は教えてくれなそう……17
忙しくて時間がない／出張が多く、定期的には習えない……18
今さら基礎練習なんか、やる気になれない／家で練習したくない……19
楽譜が読めなきゃダメでしょ？……19
熱心に練習した学生時代を超えられない／若い頃、才能に見切りをつけた……20
楽器が高そう。お小遣いの範囲では買えない……21
音痴なので音楽は苦手／音楽の成績が悪かったから無理……22
▼ミドル・シニアが続々入会！……23

第２章　当世人気楽器事情 …… 27

▼衝撃!?の人気楽器ランキング …… 28
▼ブームに乗るなら、ピアノ!? …… 30
▼自治体が高齢者向けに大量導入！「ケンハモ」って？ …… 33
▼レッスンを体験・見学してみました！ …… 36
《ピアノ》 …… 37
《ヴァイオリン》 …… 38
《フルート》 …… 39
《サックス》 …… 40
《ドラム》 …… 41
《ヴォイトレ》 …… 42
《トランペット》 …… 43
《チェロ》 …… 44
《ケンハモ》 …… 45
《ギター》 …… 46

第３章　音楽習って、人生を輝かせている人々 …… 47

▼習うきっかけも、目的も、習い方も人それぞれ …… 48
〈１〉ビギナー …… 48
①楽譜が読めないシルバー世代ながら短期で上達!! …… 48
②習い事上手！　歌、英会話、ヨガの組み合わせ …… 50
〈２〉再チャレンジ派 …… 51
①働き方改革の余暇活用で家族もホッ …… 51
②完全な息抜きで多忙な日々に潤い …… 53
③大人から始めて一度やめたフルートに再チャレンジ！ …… 54
〈３〉ガチ派 …… 55
①20年以上のバリキャリ生活から音大大学院生へ！ …… 55
②主婦やビジネスマンがコンクールに挑戦、優勝！ …… 57
▼音楽で人生は輝く！ …… 59
コラム　連弾で合コン♥!? …… 60

第4章　もしかして、音楽って最強の習い事？……63

音楽を習って得られるものとは？……64
〈1〉音楽それ自体の魅力……64
音楽の魅力……64
音楽を習うことで得られる楽しみや喜び……66
〈2〉ビジネスや他の学びとのシナジー……69
なぜリベラルアーツが必要なのか？……69
ピアノを習うと主要教科の成績も上がる!?……70
ピアノなどの学びが受験でも評価される時代の到来！……73
実際のビジネスにも役立つ！……74
もっとも重要な〝価値〟を見抜く……75
コラム　VIPもすなる楽器や声楽というものを……78
〈3〉アンチエイジングやボケ防止にも……80
演奏による運動効果……80
楽しみながら健康寿命を延ばす……82
脳に与える好影響……84
さらに驚きの効果が！……87
運動／＼人とのつながり……88
コラム　人生100年時代の〝最強の趣味〟決定戦！……90

第5章　あれもこれも習いたい！　いろいろな楽器たち……95

▼習う楽器の選び方は人それぞれ……96
楽器選びの基本……96
性格と楽器の相性……98
楽器選びの留意点……100
▼楽器はいくらするの？　安く手に入れる方法は？……102
楽器は決して高くない……102
工夫次第で楽器は安く手に入る……103
▼お手軽、ニューフェース…楽器あれこれ……106
お手軽な楽器、簡単な楽器……106
ニューフェースの楽器……108

減・消音できる楽器など……110
マイナー楽器の楽しみ方……110

第6章　いざ、音楽教室へ……113

▼独習VS習う……114
変なクセはなかなか直らない！……114
目標を見失わないためにも、習いましょう……115
1人では得られない数々のメリット……116
▼発表会・コンクールも多様化……117
▼教室選びの基本——レッスン・システムを知ろう……120
レッスンの予約方法（曜日時間固定制／予約制）……120
レッスン形態（個人レッスン／グループレッスン）……120
レッスンの演奏形態（ソロ／アンサンブル／大グループ）……122
習える音楽ジャンル……124
料金体系、月のレッスン回数……125
▼さまざまな教室タイプや特徴……126
▼教室探しの流れ……130
▼体験レッスン、レッスン見学……132

第7章　音楽を人生最高のパートナーとするために……137

▼習う人の数だけ習い方がある……138
▼音楽教室あるある——思わぬ効果や発見、変化……139
▼あるある事例などに学ぶ音楽教室通い10カ条……144
▼時空を超えて、音楽とともに……146

おわりに……149

欄外コラム　レッスン生に聞きました！～習うきっかけ、目的は？……10～148

プロローグ

　とある父子家庭に育った娘の結婚式。穏やかな空気が流れる中、司会者がにわかに「新婦の父からメッセージがある」と告げた。式次第にない展開に狼狽《ろうばい》気味の新郎新婦。一方、おもむろに無言で席を立った父は深々と一礼したのち、亡き妻の遺影を携えてピアノに向かい、パッヘルベルの《カノン》を弾き始めた。

　亡き母が、まだ幼い私に教えてくれた、思い出のあの曲ではないか！　ピアノと無縁の父がなぜ？　戸惑うあまり、思わず「やめて！」と心の中で叫ぶ花嫁。しかし、弾き続ける父の姿に、次第に心は開かれてゆく。

　コーダ（終結部）に入り、さあエンディングへ……と、突如ピアノの音は止む。静まり返る会場で成り行きを見守る人々。その緊張の糸が限界に達しようとしたその瞬間、娘の思いは父に届く。「頑張って、お父さん！」――父は何事もなかったように演奏を再開し、弾ききった。拍手喝采、感動で溢れる涙、涙……

　――音楽は言葉を超える――

もう何年か前になるでしょうか。岩手県盛岡市に本拠を置く東山堂（書店、音楽教室などを運営）のこのインターネットＣＭは大きな反響を呼びました。また、第２弾となった【千葉次郎の挑戦】編は、最初のＣＭに感動した地元で内装業を営む千葉次郎さんが、自ら志願してサックスを習い始め、４カ月後に予定されていた息子さんの結婚式で、実際に演奏を披露したドキュメンタリーだそうです。

　このＣＭについて、かつて勤務した銀行の同期会で話題にしてみると、意外なことに「そのＣＭ、ネットで見たよ」、「あれ見て、自分もやってみようかと考えているところなんだ」などと言うではありませんか。そこで大人の音楽教室について調べて

TOSANDO
music CM
【披露宴】編

2014年3月に放映、動画サイトにアップされ「泣ける」CMとして話題を呼び、アジア太平洋広告祭2015において、地方の企業・制作会社によるCMとしては異例の「銀賞」受賞。動画の再生回数は380万回を超える（後追いでアップされたものも含めると計約600万回）

みると、想像以上の人気でビックリ！「働き方改革」で時間に余裕ができた40〜50代、婚活中の30代女性、老後の趣味として始める60代などは何となく想像してはいましたが、78歳でフルートを習い始めた裁判官男性、はたまた80代女性ドラマーや90代ソプラノ歌手までいるではありませんか!!

そしてこのCMで、東山堂の大人のレッスン生数も3倍以上に急増し、今では講師の確保に苦労するほどだそうです。

このように、多くの大人が音楽教室で人生を充実させています。また音楽を習うことは、脳にも健康にもよい影響があることや、多くのVIPがチャレンジしていることもわかりました。

今、音楽教室が熱い!

魅力溢れる音楽教室の世界、さっそくご紹介していきたいと思います。

第 1 章

日本独自の進化形「音楽教室3.0」の幕開け

▼すごい！　大人の音楽教室の潜在人口

大人の音楽教室は、今日、本格的なブームを迎えています。ヤマハ音楽教室、ヤマハ大人の音楽レッスンなどを運営するヤマハ音楽振興会のアンケートでは、**20～60歳の大人の約3割が「機会があれば楽器演奏をやってみたい」と考えている**そうです。20～59歳の人口はだいたい６２００万人ですから、その数約１８６０万人。一方、この年代で楽器演奏を「趣味・娯楽」としている人は６４０万人ですから、楽器をやりたくてもやれていない潜在人口は、１２２０万人ということになります。しかも４３００万人以上いる60歳以上でも、楽器をやりたい人は多くいて、あとからお話しするようにこの層がどんどん音楽教室に通い始めています。この層の潜在人口が、若い層より低く見積もり２割として８６０万人。**20歳以上の大人全体の潜在人口は、約２０００万人にも及ぶ**ことになります。この数字には、私も本当に驚きました*1。

しかし、現実に楽器演奏を楽しめているかというと、必ずし

習うきっかけ、目的は？
※年齢は取材・アンケート時点

レッスン生に聞きました！

もそうではないようです。実際に習っているレッスン生数を調べてみると、最大手のヤマハ大人の音楽レッスン（以下、ヤマハ）ですら、大人のレッスン生数は11万人ほど。早くから大人向け教室に力を入れ、近年ショッピングセンターなどでもよく見かける島村楽器音楽教室（以下、島村楽器）が約3万人ですから、他の音楽教室を合わせても50万人には遠く及ばないでしょう。音楽教室に通わずアマチュア・オーケストラやバンド活動などで楽器演奏をしている人も多いとはいえ、大多数が指をくわえて見ている状態ではないでしょうか。

▼子どもの頃、習っていたのに……

一方、現在子どもの約9割が何らかの習い事をしている、あるいは習い事の経験がある中で、ピアノは人気第3位*2。多くの子どもがピアノを習いますが、年齢が進むにつれてやめていく子が多いようです。

音楽教室に通っている生徒の正確な数字はわかりませんが、次ページ図1の若手ピアニスト登竜門のひとつピティナ・ピアノコンペティション*3への年齢別参加者数を見る限り、中高までの継続が難しいことがわかります。小4の4926人をピークに、中1まで

50代♂ 知り合いから、ボケ防止に役立つと聞きピアノを始めた（ピアノ）

に半数以上が減り、高1では5分の1以下、さらに高3では10分の1以下の389人まで減少してしまいます。こうして**大人になるまでに、ほとんどの生徒がピアノを習うのをやめてしまうようです。その一部は中学や高校で盛んな吹奏楽部に流れますが、これも大学では下火となり、社会人では中高校時代のあの熱狂がまるで嘘のような状況**となっています。

この原因についてピアノ教室の先生方にうかがうと、何といっても大きいのは「受験や進路」とのご指摘が相次ぎます。特に東京や大阪、名古屋などの大都市圏では多くの生徒が中学受験をするため、その準備に入る4、5年生の間にごっそり抜けてしまうとのことでした。

また、今の50代、60代が子どもの頃には厳しい先生も多かったようで、大人になった元生徒さんからは、「先生が怖かった」、「練習がきつかった」などの声が聞こえてきます。

《図1》 ピティナ・ピアノコンペティション参加者数（2018年）

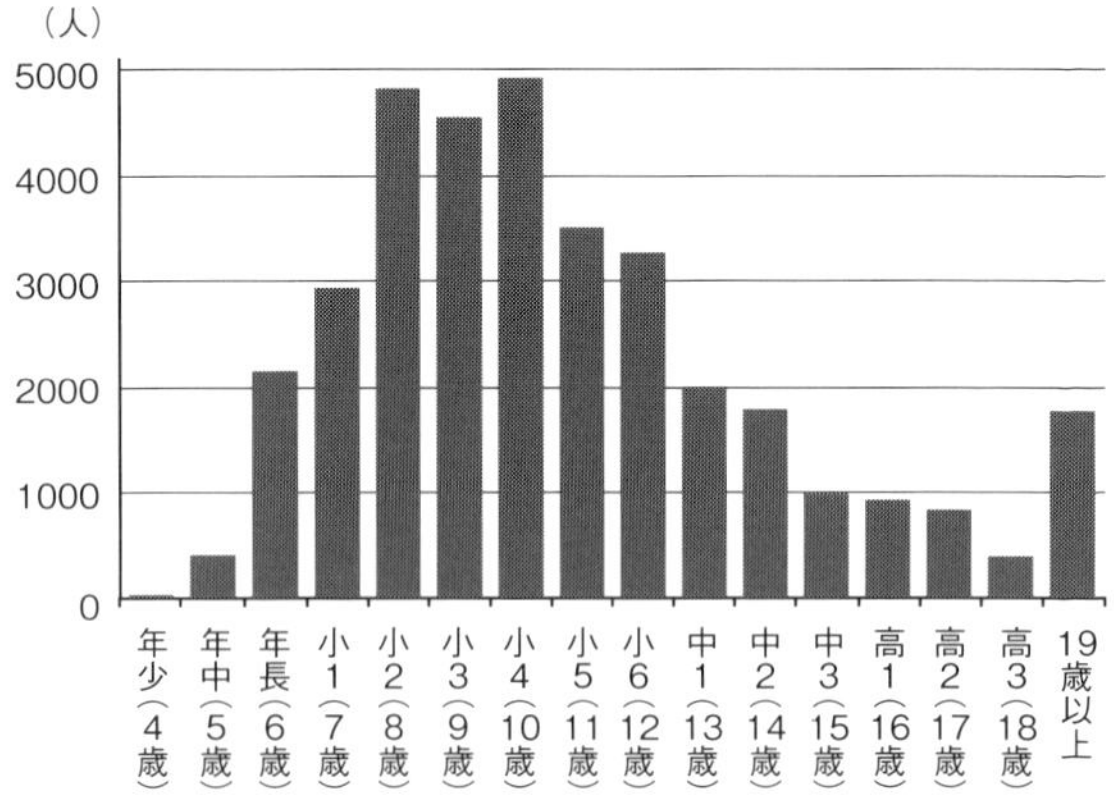

70代以上♀ 友人から音楽教室に通っている話を聞いて体験レッスンに行ってみたら楽しそうだったから（ヴァイオリン）

しかし、楽器は「昔取った杵柄」で、学び直すと子どもの頃にやっていた感覚を取り戻すのは比較的容易ですし、大人向け音楽教室では、習う人の目的に応じたレッスンが受けられます。子どもの頃に通った音楽教室とはまったくの別物と考えていいと思います。

ですから、**受験や厳しいレッスンが嫌でやめてしまった人も、この本によって固定観念を払拭し、〝人生を豊かにするための趣味〟としてぜひ再開していただきたい！　と考えています。楽しいこと、面白いこと、請け合いです。**

とはいえ、大人が普通に音楽教室に通うようになったのは、ここ20年ほどの話です。音楽教室は時代の変化の中で、どのようにして大人が通いやすい場所になっていったのでしょうか？　まずは日本における音楽教室の変遷を、少し振り返ってみたいと思います。

「音楽教室3・0」時代の到来！

西洋音楽が本格的に日本に伝わってきたのは、明治初期までさかのぼります。明治16年（1883年）、約3年後に日本の初代総理大臣となる伊藤博文が、洋行中に現在でもピアニスト兼作曲家として著名なフランツ・リストを本気で日本に音楽講師として招こうとしたこともあったとか。リストは当時すでに73歳と高齢で、この話は流れたようですが、こ

60代♂　友人に誘われ合唱クラブに入ったが楽譜が読めないのでピアノを習いはじめた（合唱＆ピアノ）

の頃から戦前までの、ごく限られた上流階層のみが家庭教師から教わることができた時代が日本の音楽教室の原点です。音楽教室というにはあまりに普及していませんので、これが「0・0」。戦後、バイエルを教本とした個人レッスンが行われるようになったのが本格的な音楽教室の幕開け「1・0」と考えられます。

そして次の「2・0」の時代は、ヤマハ音楽教室やカワイ音楽教室が拡大展開し、急速に子どもの音楽教育が普及していった時代です。この頃は音楽教室といえばほとんどがピアノ教室で、習っている生徒の大半は女の子でした。

そして現在はというと、幼児から90代まで、習う目的も人それぞれ、ジャンルも楽器も多彩な顔ぶれの教室が出揃った「音楽教室3・0」の時代と言えそうです。

この大きな変化の背景としては、近年の少子高齢化や労働時間の短縮、女性の社会進出などによる日本人のライフスタイルやニーズの変化が考えられます。音楽教室はそれらをダイナミックに取り込みつつあります。

というのも「1・0」や「2・0」の時代と違って、**さまざまな楽器や歌が楽しめ、エイジレスでジェンダーレスに。かつ健康、婚活、ビジネスなどの多様なニーズや目的にまで応えられるようになっている**からです。それは〝**日本型進化系音楽教室**〟と言っても過言ではありません。そのことを、少しデータや取材をもとに見ていくことにしましょう。

30代♀ 会社がリモートワークを採用し、自宅勤務が多くなりピアノ再開。仕事の合間に気分転換で練習してる（ピアノ）

▼イメージを覆すデータの数々[*4]

「大人」といっても20～30代ばかりなのでは？
⬇音楽教室に通う大人の約7割が40代以上。70代も増加中

世代は男女とも40代、50代、60代がそれぞれ約2割で、若い人はむしろ少数派です。70代の比率も増加しており、あと数年で1割に達する勢いです（24ページ図2参照）。

女性ばかりだろうから行きにくい……
⬇音楽教室に通う大人の男女比は4：6

現在のミドル、シニア世代が子どもだった頃は、音楽を習いに行く子の大半が女の子でしたから、たとえ音楽が好きでも、「女の子のようだ」と言われるのが嫌で習わなかった男の子も多いようです。また当時の親も「男の子に習わせる必要はない」という意識があったと考えられます。

50代♀　ストレス発散が目的。友達が通い始めた「青春ポップス」が楽しそうだったので入会した（歌）

しかし現在の大人のための音楽教室を見てみると、依然女性が多いものの、その比率はかなり拮抗しており、意外と多くの男性が通っていることがわかります。

まったくの初心者が行くところではないでしょ？
↓4人に1人は楽器未経験者。約6割は習う楽器の経験なし

下の表1のとおり、受講生のうち4人に1人はまったくの楽器未経験者。習う楽器の経験者もわずか3割で、約6割が初心者です。ですから楽器経験がなくても大手を振って音楽教室に通えます。また**多くの教室では、レッスンで使用する楽器を借りられる**など、習いやすい環境も整っています。

《表1》楽器経験構成比（ヤマハ資料より）
※無回答あり

		レッスン楽器以外	
		経験あり	経験なし
レッスン楽器	経験あり	18.5	12.3
	経験なし	36.5	25.5

↑まったく楽器経験なし

子どもに混じって習うのは嫌！
↓大人専用や大人に配慮した教室増加。豪華な待合室も！

↗ しっかり基礎から習いたいと思い通い始めた（ギター）

例えば、取材でうかがったミュージックアベニュー銀座、ヤマノミュージックサロン新宿は**大人専用の音楽教室**で、建物の中に入ると、まるでゴルフ場かオシャレな大学、あるいはちょっとしたホテルのロビーのようです。また、ミュージックアベニュー立川では、同じビル内で大人と子どものフロアを分けていましたし、スガナミミュージックサロン多摩では、大人と子どもが導線で重ならない工夫がなされていました。

ポピュラー音楽（またはジャズ、ロックなど）は教えてくれなそう
⬇驚くほど多彩なジャンル、コースあり

「音楽教室＝クラシック音楽を教えているところ」と思っている人が結構多いようです。確かにミドル世代以上がイメージする「音楽教室」は、「バイエル」で「ピアノ」かもしれません。しかし、現在では**多彩な楽器や歌を、さまざまなジャンルのコースから選べる**ようになっています。

例えばヤマハでは、同じピアノでもJ-POPや洋楽中心の「ポップスタイルピアノコース」や、「ジャズピアノコース」、「大人の初心者向けコース」などが選べますし、ギター、ベース、ウクレレ、ドラムなどのコースはクラシック以外が中心です。また教室によ

50代♂ 仕事が落ち着きお金にも余裕ができたので、若い頃は高くて手の届かなかったギブソンのレスポールを購入。せっかくなので、↗

っては、ゴスペル、オカリナ、リコーダー、ケーナなども用意されており、音楽を手軽に習いたいニーズにも応えています。

忙しくて時間がない／出張が多く、定期的には習えない ➡月の平均レッスン回数は、約2・8回

子どもの頃のレッスンが毎週だったため、「毎週じゃあ……」と諦めている人も多いようです。しかし、大人のレッスンは、月平均約2・8回。毎週習っている人は少数派で、月2〜4回が大半だそうです。またレッスン前に練習した方が早く上達できるのは確かですが、**上達を焦る必要はなく、自分のペースでやっていけば問題ありません。他の人と競う必要がないのが大人の教室の醍醐味**です。出張が多い方には曜日や時間固定ではなく、レッスン終了時に次のレッスン日時を先生と相談して決める、**予約制の教室もあります。**

政府が主導する「働き方改革」などで、バブル時代のテレビCMではありませんが、「24時間働けますか？」という時代ではなくなっています。音楽教室が月2回、1時間のレッスンであれば、必要なのは月2時間＋音楽教室に通う往復時間。そう考えると、忙しい、時間がない、というのは大きな問題ではなくなったと言えるかもしれません。

30代♂ 大学時代の友達に「メンバーが足りないから」と誘われ、ジャズバンドのコースに通っている（トロンボーン）

今さら基礎練習なんか、やる気になれない／家で練習したくない
➡希望を伝えればＯＫ

ヤマハでは大人専用に開発されたオリジナルテキストと幅広いジャンルのレパートリーを使用したレッスンですし、島村楽器はレッスン生一人ひとりの希望を聞いたうえで、講師・インストラクターがレッスン内容を提案するオーダーメイド・レッスンになっています。ですから**昔のピアノ教室や中学、高校のブラスバンドの部活動とは程遠い**イメージです。

また最近は、自宅で演奏せずに練習を兼ねてレッスンできる教室も多いので、まずは体験レッスンなどでどのような教室か確認し、自分の希望を伝えましょう。

楽譜が読めなきゃダメでしょ？
➡楽譜は、全然読めなくてもＯＫ

お話をうかがったヤマハのドラム講師によれば、肌感覚ではなんと８割の人が、まったく楽譜が読めない状態で習いに来るそうです。そのようなレッスン生は、「今、読めな

70代以上♀ 先に習っていた友人が「健康にもよい」と言っていたので（ケンハモ）

い」状態でも、習う間に「徐々に読める」ようになっていくとか。実際取材させていただいた**60、70代で楽譜がまったく読めなかった何人もの人が、1年くらいでかなり楽譜読みをマスター**されているのには、とても驚きました。

それでも楽譜は「絶対に嫌！」という方は、体験レッスンでその旨を伝えれば、楽譜なしでレッスンしてくれる講師もいます。また、60〜80年代の歌謡曲などをハモリやステップをつけて歌うヤマハ音楽振興会の「青春ポップス」のように、〝カラオケ以上レッスン未満〟をコンセプトに、楽譜を一切使わない教室も登場しています。

熱心に練習した学生時代を超えられない／若い頃、才能に見切りをつけた

⬇習う目的は人それぞれ

若い頃とは違い、上達することを目的とする必要がないのが大人のレッスン。次ページの表2のように気分転換や息抜き、仲間とのコミュニケーション、健康などさまざまな目的で通っています。なかには、出会いを求めて習い始め、実際に結婚されて目的を果たした人もいます。

また昔、演奏家やミュージシャンを目指したものの諦めたり、プロとしては成功せず、

↗ スタジオを探していたら教室も見つけた（トランペット）

見切りをつけた人も多いと思います。青春時代のほろ苦い思い出は心にしまい、せっかく身に付けた演奏力。ご自身の趣味として再び楽器を手にしてみてはいかがでしょう。

楽器が高そう。お小遣いの範囲では買えない
⬇これも心配ご無用

楽器は必ずしも持っていなければならないものではなく、**入会前からすでに楽器を用意している人は男女とも3割**ほどで、例えばドラムを習っている人の57%は楽器を持っていません。最初はリースやレンタルで始める人も多くいて、そのまま楽器を持たずに習い続ける猛者（？）も1割ほど。

また、数千円から1万円ほどで買える楽器もありますし、第5章で改めて詳しく触れますが、長い目で見れば一般的な楽器は高価というほどのものではありません。楽器の値段

《表2》レッスンの受講目的[複数回答可]（ヤマハ資料より）

	習う目的	比率
1	楽器がうまくなりたい	74.6%
2	趣味やたしなみとして	69.3%
3	**気分転換・息抜き**	51.0%
4	**仲間とのコミュニケーション**	28.1%
5	アンサンブルを楽しみたい	25.4%
6	人前で演奏したい	21.4%
7	**健康のため**	17.8%
8	ぜひ弾けるようになりたい曲がある	9.3%
9	バンド活動がしたい	9.3%
10	その他	5.4%

60代 ♂ 悠々自適の生活を送れるようになり、高校のブラスバンド部で吹いていたトランペットを再開しようとしたが練習場所が限られるので、↗

は、そんなに気にしなくていいと思います。

音痴なので音楽は苦手／音楽の成績が悪かったから無理
➡学校教育とは別もの。先生や曲との出会いで変わる

「音痴」だと思っている人には、私の子どもの頃の経験が参考になるかもしれません。

小学生時代の私は、教科書の楽譜どおりに歌えず、いつも成績は5段階評価の2か3。音楽の授業は憂鬱そのものでした。今だからわかることですが、私の声域が低いため、みんなと一緒に歌うと高音域で音程が外れたり、かすれたりしたのです。

そのため音楽以外が専門だった当時の先生は、私を音痴と決めつけていましたし、音楽の素養がない両親も同様でした。しかし中学2年生の時に、音楽好きの仲間からのアドバイスで、低音域の曲が多いロシア民謡などを歌ってみると、自分でも驚くほど上手に歌うことができ、みんなからも褒められるではありませんか！　中3になると音楽的専門性の高い先生が授業担任となり、私の声域を理解してくれたことから、授業も楽しくなり、成績も一気に5に上がりました。

すぐのめり込むタイプの私は、その先生が顧問を務めるブラスバンド部に入り、友人の

50代♀　友達の発表会を見に行ったら、みんな楽しそうだったので（ゴスペル）

父君が指揮者を務めるアマチュア合唱団にまで参加。その後、プロ・オーケストラの公演で何度もベートーヴェンの「第九」を歌わせていただいたほか、谷村新司さんが歌う「昴」のバックコーラスとして当時の人気テレビ歌番組「ザ・ベストテン」に出演したのも、実は秘かな自慢です。

そもそも、**生まれつき「音痴」の人はほとんどいない**のだとか。コツがわからないまま音楽の授業を終え、音痴だと思い込んでいる人が非常に多い気がします。ぜひ、学校での嫌な出来事は捨て去り、ご自身の可能性を音楽教室でお試しいただければと思います。

▼ミドル・シニアが続々入会！

大人の音楽教室。これまでのイメージとの違いに驚かれた人も多いのではないでしょうか。しかし、大人が教室に通い始めたのは比較的最近のことで、近年特にその勢いが増しています。しかも今はまだその変化の最中《さなか》にあるようです。

例えばヤマハ大人の音楽レッスンは、今から30年ほど前の１９８６年に開講されました。開講10年近く経った１９９５年の受講生層は、10代が35％、20代が39％、30代が13％で、約９割（87％）が40歳未満、７割以上が30歳未満です。「大人の」というよりは「青

70代以上♂　《月の光》を弾いてみたいと思い（ピアノ）

年の」音楽レッスンというのが実態に近かったようです。

その後、**オセロゲームのように比率が逆転、２０１５年には40歳以上が約7割、60歳以上が約３割**を占めるに至っています（図２）。特に40代、50代、60代が男女ともそれぞれ２割前後を占めるボリュームゾーンとなり、**これまで音楽教室通いに縁遠かったシニア、シルバー層が続々と入会**しています。

この傾向は特に男性に顕著で、例えば65～69歳男性の構成比率は、２０１１年に７・２％でしたが、わずか４年後の15年には15・３％と倍以上になっています。この推移を見ると、いわゆる団塊の世代が60代に突入し、社会の高齢化がいっそう進む中で、退職後の楽しみとして近年急速に音楽教室が認知されてきたことがわかります。

《図２》ヤマハ大人の音楽レッスン　世代別シェア

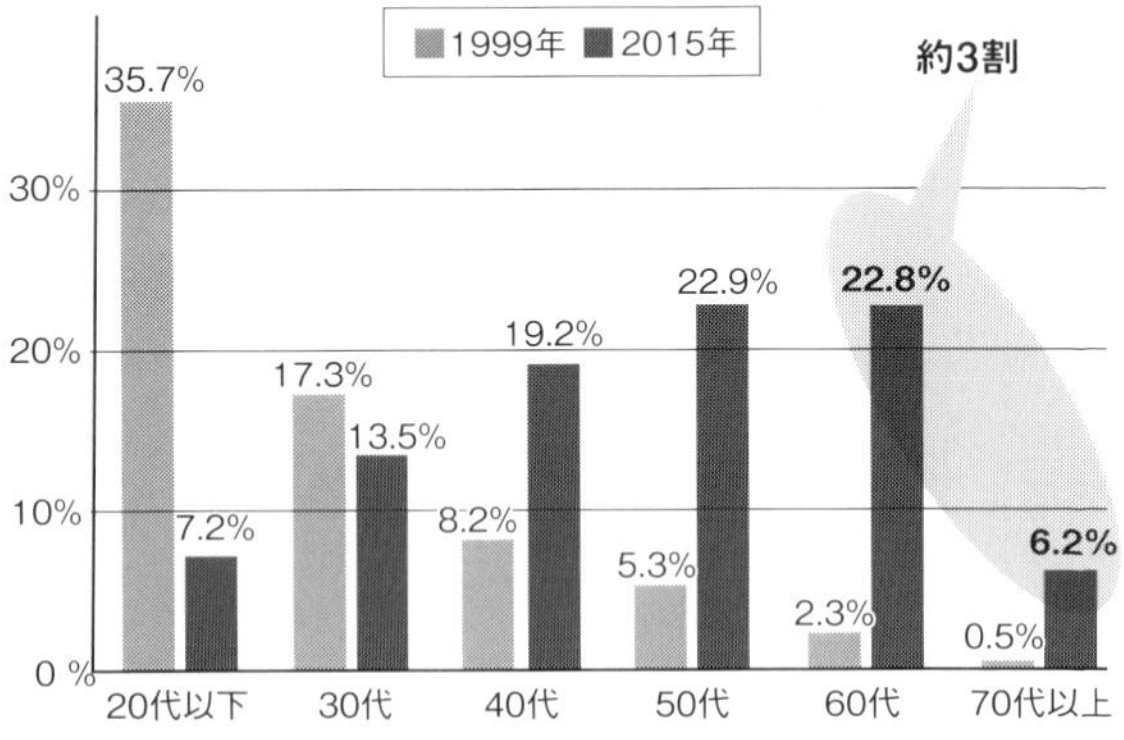

平均年齢 49.8 歳。最高齢は 92 歳 !!（2015 年時点。ヤマハ資料より）

30代♀　もともとは婚活にいいと思って。婚活は諦めたけど教室通いは続いてる（サックス）

男性ほど顕著ではありませんが、女性も次第に10～30代から40～60代へのシフトが進んでいます。ただ、男性に比べると、30代の健闘が目立っています。また、70歳以降の比率も着実に増加しています。1999年にはわずか0・5％でしたが、2015年は6・2％。この世代は男性がより積極的で、8・0％にも達します。今後ますますその割合は増えていきそうです。

＊1：世代別人口数は総務省「人口推計」（平成30年9月報）、「趣味・娯楽」人口は平成29年総務省「平成28年社会生活基本調査」より。
＊2：2017年「今習っている習い事」（ケイコとマナブ.net）ランキングより。
＊3：全日本ピアノ指導者協会（通称ピティナ）が主催するピアノコンクール。毎年の参加者数はのべ約4万5000組（予選～決勝計）を誇り、世界でも最大規模。ソロ、デュオ、グランミューズの3部門からなり、ソロ部門の最高峰「特級」は、年齢制限がなく、「最も国際コンクールに近い国内コンクール」といわれています。辻井伸行さん、萩原麻未さん、阪田知樹さんなど、多数の国際コンクール入賞者が「ピティナっ子（ピティナ・ピアノコンペティション経験者）」です。
＊4：ヤマハ大人の音楽レッスン「2015年在籍者アンケート調査」（内部資料）より。以下本書では、ヤマハ音楽振興会のご理解、ご協力により、このデータを多く使用します。表・グラフでは「ヤマハ資料より」と出典表記し、数値データは、引用表記を省略いたします。

60代♀ 金婚式に子どもや孫たちの前で夫婦で演奏することを目指して（ピアノ。夫はチェロ）

第2章

当世人気楽器事情

▼衝撃!?の人気楽器ランキング

※以下、歌、ヴォーカルを含め「楽器」と表記します

さて、ここでヤマハ大人の音楽レッスンと、島村楽器音楽教室、それぞれの大人の人気楽器ランキング〈1〉〈2〉を見てみましょう。まずビックリするのは、男女とも特定の楽器に人気が集中していること。しかもヤマハでは、男女で人気の楽器がだいぶ異なることです。島村楽器のHPに掲載されている「年代別人気コースランキング」を見ると、世代によっても嗜好に違いがあることがわかります。

男性は総じてギター、サックス、ドラムの人気が高く、ヤマハではこの3つで過半数を超える集中ぶりとなっています。これに対し、女性はヤマハでピアノ、ヴァイオリン、フルート、ヴォーカルの4つで過半数を超える一方、島村楽器ではドラム、ギタ

〈1〉人気楽器（総合順位）

	ヤマハ大人の音楽レッスン		島村楽器音楽教室
1	ピアノ	15.1%	ピアノ
2	サックス	13.1%	ギター
3	ギター	12.1%	ドラム
4	ヴァイオリン	11.2%	ヴァイオリン
5	フルート	9.7%	サックス
6	ヴォーカル	8.6%	フルート
7	ドラム	8.4%	ヴォーカル
8	ウクレレ	5.4%	声楽

※ピアノ、ギターなど複数のコースがある場合はその合計

↗（先生は末期がんを患いながら教えることを生きがいにしていたことを知り驚いた）（リコーダー）

〈2〉男女別人気楽器（男性）

	ヤマハ大人の音楽レッスン		島村楽器音楽教室
1	ギター	20.2%	ギター
2	サックス	20.1%	ドラム
3	ピアノ	11.5%	ピアノ
4	ドラム	10.5%	サックス
5	ヴァイオリン	7.3%	ヴァイオリン
6	チェロ	5.6%	ヴォーカル
7	フルート	5.5%	フルート
8	トランペット	4.3%	声楽

同（女性）

	ヤマハ大人の音楽レッスン		島村楽器音楽教室
1	ピアノ	17.0%	ピアノ
2	ヴァイオリン	13.6%	ギター
3	フルート	12.2%	ドラム
4	ヴォーカル	11.2%	ヴァイオリン
5	サックス	8.9%	フルート
6	ギター	7.4%	声楽
7	ドラム	7.1%	サックス
8	ウクレレ	6.3%	ヴォーカル

〈3〉男女で人気の差が大きい楽器（ヤマハ大人の音楽レッスン）

	楽器	男性	女性	人気格差
1	ヴォーカル	4.1%	**11.2%**	2.7倍
2	ギター	**20.2%**	7.4%	2.7倍
3	サックス	**20.1%**	8.9%	2.3倍
4	フルート	5.5%	**12.2%**	2.2倍
5	ヴァイオリン	7.3%	**13.6%**	1.9倍

70代 ♂

市役所の広報誌でリコーダーアンサンブル教室が開かれているのを知り、「自分でもできるのではないか」と思い、さっそく申し込んだ ↗

ーがそれぞれ2位、3位に入り、両教室で人気が分かれています。

両教室に共通するのは安定したピアノ人気。これは女性に小さい頃の学び直しが多いためと思われますが、取材では中高年の新たなチャレンジャーの健闘ぶりも目立ちました。

また、ヴォーカルは、男性の人気は総じて低いものの、ヤマハでは女性に大人気です。2017年にヤマハが本格スタートさせた「青春ポップス」は、なんと9割が女性とか。ヴォーカル人気は女性特有と言えそうですが、ぜひ男性にも歌の魅力を知っていただきたいところですね（このデータは2015年調査のため、「青春ポップス」は開講していません）。

ご参考に、ヤマハでの男女による人気の割れ具合に注目し、人気の差が大きい楽器ランキング〈3〉も作ってみましたのでご参照ください。

▼ブームに乗るなら、ピアノ!?

こんなランキングを見せられてしまうと、ピアノにしようかサックスにしようか、いやいやドラムもいいな、などとあれもこれもと欲が出て、ワクワクしてしまいますよね。楽器選びについては第5章で触れますが、そんなあなたのために、少し先んじてこれからブームが来そうな楽器を2つだけ、ご紹介したいと思います。

50代♀ 40代で挫折したが、もう一度チャレンジしてみたくなった（フルート）

まずはメジャー楽器、ピアノから。

なんだ、ピアノか、などと侮るなかれ。実は1970年代以降、何度かピアノブームが起きています。近年その再来を予感させる出来事が次々と起こっています。しかも、その勢いはかつてないほどです。

少し振り返ってみましょう。ご記憶の方も多いと思いますが、1970年代には『赤い激流』や『砂の器』などのテレビ番組を発端に、ピアノブームが到来しました。その後、85年に小泉今日子主演の『少女に何が起ったか』、96年に木村拓哉、山口智子主演の『ロングバケーション』が放映されるたび、ピアノを習う大人が急増したそうです。各音楽教室が〝大人の〟教室に乗り出した時期とちょうど一致します。

さらに2000年代に入ると『のだめカンタービレ』が大ヒット。その後、小説家・中山七里氏のピアノ奏者・岬洋介シリーズ4部作が相次いで発表され、中でも『さよならドビュッシー』は、テレビドラマ化されました。4作とも読みましたが、かなり優れものの推理小説です。

こうして見ていくと、大人のピアノはテレビ

赤い激流
ラ・カンパネラを
拘置所の床で練習する
水谷豊
最終回の視聴率は37.2%!!

40代♀ 音大でピアノを専攻していたので、弦楽器に憧れがありヴァイオリン購入。最初は独学だったが、無理があると悟り通い始めた（ヴァイオリン）

番組でブームになるごとに勢いを増してきた感じがします。

そして2016年と翌17年には、ピアノ調律師の主人公やピアノコンクールを舞台にした小説『羊と鋼の森』、『蜜蜂と遠雷』が相次いで本屋大賞を受賞し、ともに映画化（『蜜蜂と遠雷』は直木賞も受賞。映画は19年秋公開予定）。また同18年には人気コミックの『ピアノの森』がアニメ化され、今や出版界ではピアノを題材とした小説は売れる、とのジンクスすらあるそうです。

ちなみに、『ピアノの森』の主人公とそのライバルは2人とも男の子ですが、近年そういった「ピアノ男子」にも注目が集まっています。ピアニストの世界でも、反田恭平さんなどは大人気ですが、このような動きを反映してか、前出のピティナ・ピアノコンペティションの男子参加率も年々上昇（図3）。**世の中では何かと女性の社会進出が話題になりますが、ピアノ演奏の世界では男性の進出が顕著**です。

ピアノ人気のマグマは確実に溜まってきている感じがします。噴火寸前、と言ってもいいのでは

《図3》ピティナ・ピアノコンペティション 男子参加率

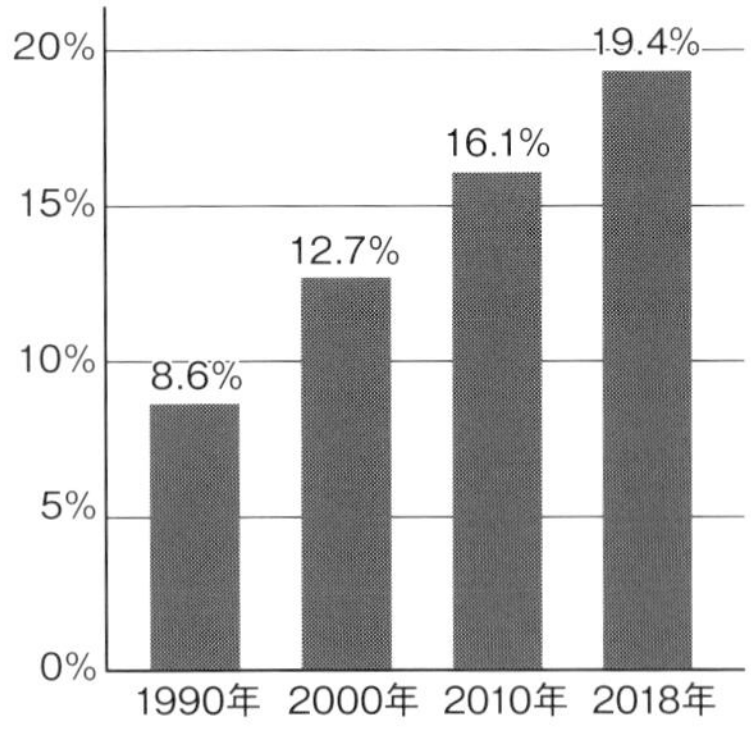

60代♂ テノール歌手の《オー ソレ ミオ》に憧れて（声楽＆ドラム）

ないでしょうか。このブームに乗りたい人や、それでなくてもピアノは「楽器の王様」と言われますから、メジャー志向の強い人にはオススメです。

▼自治体が高齢者向けに大量導入！「ケンハモ」って？

とはいえ、ピアノは安くて数十万円。グランドピアノともなれば、１００万円台前半のものもあるにはありますが、相場は２００万円前後〜です。電子ピアノでも何万円もしますから、おカネの面でハードルを感じる人もいるかもしれません。そんな人のために、数千円から買える、今話題の楽器をご紹介しましょう。

それはズバリ、「ケンハモ」です。

ケンハモ？――そう言われてもピンと来ない、という人が多いかもしれません。でも、ミドル世代以下のほとんどの人が、小学校か中学校で一度は手に取っている楽器です。「ピアニカ」とか「メロディオン」といえばピンと来ませんか？　そう、あれです。

ちょっとややこしいのですが、商品名がヤマハは「ピアニカ」で、鈴木楽器製作所は「メロディオン」。あの、管に息を吹き入れ鍵盤で音を鳴らす楽器です。最近楽器通の間では、楽器名の鍵盤ハーモニカを略して、「ケンハモ」と呼ばれています。

40代♀　若い頃習っていたピアノ以外の楽器が弾きたいと思いチェロを習い始めた（チェロ）

ケンハモやリコーダーは学校教材として使われることが多いため、本格的な楽器とみなされず、一段格下に見られる傾向が強いようですが、これは完全な誤り。**特にケンハモは、その手軽さと豊かな表現力に魅了される人がどんどん増えています。**

すでに鈴木楽器製作所ではさまざまな大人用モデルを開発しています。ヤマハも2018年6月に30年ぶりとなる新モデルを投入し、「大人のピアニカ」として売り出したところ、即売り切れ入荷待ちになったほどです。習える教室もどんどん増えつつあり、これから大ブームが訪れる気がします。私がそう考える理由は、主に次の6つの理由からです。

●何といっても安い！　数千円から1万円台。プロ用37鍵盤で2万円台～です

●鍵盤楽器初心者のお試し楽器にも(ピアノ・レッスンでケンハモを活用する講師急増中)

●クラシック、ポップス、ジャズ、サンバ、ラップなど、いろいろなジャンルの音楽との親和性が高い

●軽くて持ち運びが便利（電源も不要）

●演奏中に身動きが取りやすく、カッコいいパフォーマンスができる

●鍵盤楽器、管楽器両方の健康効果が期待できる

実は私もこんな魅力に惹かれてケンハモを購入し、習い始めました。学校でやっていた

50代 ♂　ジャズ好きなので、ルイ・アームストロングに憧れて（トランペット）

だけに、始めるのもスムーズです。とはいえ、鍵盤楽器の腕に覚えがある人ほど要注意。ピアノに比べればチョロいもん、と甘くみると、タンギングに戸惑うかもしれません。そう、ケンハモは、鍵盤楽器、管楽器、リード楽器の3つの要素を持っているために表現力も幅広く、練習のしがいがある奥深〜い楽器なのです。

ケンハモは独奏だけではなく、ケンハモとピアノ伴奏、ケンハモ二重奏など楽しみ方もいろいろ。三重奏や五重奏なども楽しめます。私も早く上達して、さまざまなジャンルの音楽を演奏したい！と思っています。

予約してゲットしたヤマハ製
「大人のピアニカ P-37E」

さらに**このケンハモ、健康にもいい優れもの**です。というのも鍵盤演奏の手指運動と、腹式呼吸による呼吸器の機能や舌、喉の筋肉強化運動の組み合わせだからです（83〜84ページ参照）。すでに一部の自治体も注目しており、例えば福岡県古賀市では、2016年から高齢者の健康作りのために400台を導入し、公民館でケンハモ教室を行っているそうです。このような動きはどんどん広まっていくと考えられます。

サックスみたいな感じで吹ける唄口や、スタイリッシュなホース（？）が登場したら、

50代♂
学生時代にビートルズのコピーバンドでギターをやっていたが
本当はポールのファンだった（ベース）

さらに幅広い層から人気が集められるのではないでしょうか。

▼レッスンを体験・見学してみました!

さて、楽器を2つ先取りして紹介したついでに、これから音楽教室通いを考えている人のために、私が代わって人気楽器のレッスンを体験・見学してきましたので、その様子をご紹介したいと思います。

「体験レッスン」(132〜5ページ参照)では教室のシステムやコース案内などのほか、初心者も楽器に触れたり、吹いてみたりして、お試しのレッスン指導を受けることができます。楽器を持っていなくても、たいていは教室で借りられるので手ぶらでOK。通常1回のみで、レッスン時間は30分から60分程度(正味レッスン時間の場合と教室のシステムや料金説明を含む場合あり)。ヤマハや島村楽器では無料で行っているほか、よほど著名な先生でもない限り、有料でも500円〜3000円くらいで体験できます(体験レッスンを実施していない教室あり)。

ではさっそく私のレッスンで、疑似体験してみてください。

50代♀ ダイエットしたいが運動神経が悪くスポーツは嫌。身体を動かしたくて体験レッスンへ。はまった(ドラム)

さらにファン層拡大で
楽器の王様の座は揺るぎなし
ピアノ

スガナミミュージックサロン多摩／個人レッスン30分　演奏歴＝45年(中2から、中断多数)　レッスン経験＝数十回

中学時代に妹に習った以外は6年前(52歳)までレッスン経験なし。レッスン前にピアノ講師城島恵子さんより簡単な質問を受けたあと、肩甲骨や指先の毛細血管の役割の重要さを教えていただきながら5分程度準備運動。いよいよレッスン開始！

曲は、ショパン「軍隊ポロネーズ」。人前で弾いたことのない曲なので、緊張感は半端ない。家では弾けていたのに、何度やってもうまくいかない。顔に血が上っていくのが自分でわかる。すると、「初回は誰でも緊張するものです。大丈夫ですよ」との城島さんからのやさしいお言葉。ボクだけじゃないんだ、と気が楽になる。その後はテンポを落として1音1音を確認しながら、徐々に弾けるように。最後はこの曲と対で同時に発表されたポロネーズ4番の城島さんによる模範演奏。この作品と合わせて学ぶことで、より曲の理解が深まるとのこと。ひとりじゃ絶対気付かない、貴重なアドバイスでした。

苦手なトリルも、コツを教えてもらったらスムーズに弾けるようになった。やっぱり独学と習うのとでは全然違うなぁ、と実感

構えただけで、気分は葉加瀬太郎！
芸術家っぽさNo. 1
ヴァイオリン

ミュージックスクールVoce（池袋）／グループレッスン90分
演奏歴＝なし　レッスン経験＝なし

生まれて初めて手にするヴァイオリン。まず、調弦だが、初心者には難しく、ヴァイオリン講師梶原圭恵さんにお願い！っと丸投げ。次は構え方。正しくない持ち方は後々に悪影響とのことで、少し時間をかけて指導を受けた。さらに弓の持ち方指導。こちらも講師が一人ひとり点検していくが、これが案外難しく、私を含め持ち方を直されるレッスン生が多かった。その後、音出し。ヴァイオリンは４本の弦からなるが、１番低音のＧ線から始め、高いほうの２本、Ｅ線Ａ線を同時に鳴らすと、和音になっていい感じ。まるで葉加瀬太郎になった気分！　とここで終了。その後講師の許しを得て、楽譜を見ながら弾いてみたら……弦を確認するときは裸眼、楽譜は眼鏡を使わないと焦点が合わない(老眼あるある)！　いかに早く弦を見ずに弾けるようになるか、中高年にはそれが重要かも。

弓を持つと、ついカッコつけてポーズをとりたくなる（笑）。でもまずは正しい構えから！

肺活量が肝！で医者も推薦
優雅な演奏姿は憧れの対象
フルート

島村楽器／個人レッスン30分　演奏歴＝45年(中２から)　レッスン経験＝４年

中学の途中からブラスバンド部に入部し、フルートを吹いていたので最も自信ある楽器。千葉市の島村楽器イオンモール幕張新都心店にお邪魔して、フルートインストラクター深山裕子さんの体験レッスンへ。楽器は体験レッスン用を拝借。楽器の持ち方、唇の当て方などを深山さんに確認していただいた後、「何かやってみたい曲はありますか？」とさっそく楽曲演奏に。フルート独奏で有名なバッハの管弦楽組曲第２番より「ポロネーズ」をお願いした。昔取った杵柄で、比較的スムーズに吹けたものの、高音部がかすれる。無理に音を出そうとつい力んでしまったが、深山さんから高い音を出す時のコツについてアドバイスしていただくと、あ～ら不思議！　綺麗な音が出るようになるではありませんか！　楽しくて、あっという間の30分でした。

演奏歴45年ながら改めて基本を教えてもらったら、見違えるように綺麗な音が出るように

音出し簡単なのに渋カッコいい！
女性からの人気も上昇中
サックス

ヤマハ大人の音楽レッスン／グループレッスン1時間　演奏歴＝なし　レッスン経験＝なし

ヤマノミュージックサロン新宿にて、男性１人、女性２人の受講生に混ざってのレッスン。３人はいつものレッスン仲間で、男性は海外出張などで久しぶりの様子。「久しぶりで音出るかなぁ」「大丈夫よ」などと和気あいあい。サックス講師の安川信彦さんが、「今日は体験レッスンの方が１人います」と私を紹介してくれた。サックスは管を３つつなげばＯＫのフルートと違い、リードやストラップの調節があり、初心者が自分だけで楽器を準備するのは至難な感じ。講師もそれを心得ていて、全部準備、調整して楽器を渡してくれたのでスムーズに練習に突入。指使いはフルートに似ていて、それが役に立つ。１時間でなんとか音階が吹けるまで上達！

最後はみなさんのアンサンブルに加わって、リードミスを連発しながらも、なんとか「アメージンググレイス」を合奏

実はスティックだけで習える
手軽さも◎！　ストレスも発散!!
ドラム

ヤマハ大人の音楽レッスン／グループレッスン1時間　演奏歴＝なし　レッスン経験＝なし

生まれて初めての打楽器経験。ミュージックアベニュー立川にて3人のレッスン仲間に混ぜてもらった。レッスン室にはドラム1台と練習用パッド（簡易ドラムセット）が4、5台。ドラムはスティックの持ち方が難しいと思っていたら、ドラム講師の田中陽さんから2、3アドバイスを受けただけでスムーズに練習に入ることができた。最初の10分くらい基礎練習した後は、オリジナルテキストの楽曲でのドラム練習。順番で、1人がドラムを叩き、他の人はパッドで練習する。後半は待望のドラムセットに座ることができた。ちょっと高い所に登って気分もハイテンション！　スネアドラムとシンバルだけではなく、足を使ってバスドラムも叩けた。手足両方というのは大変だけど、カッコいいし、ストレス発散にはもってこい！　結構サマになっていた感じ(^^)

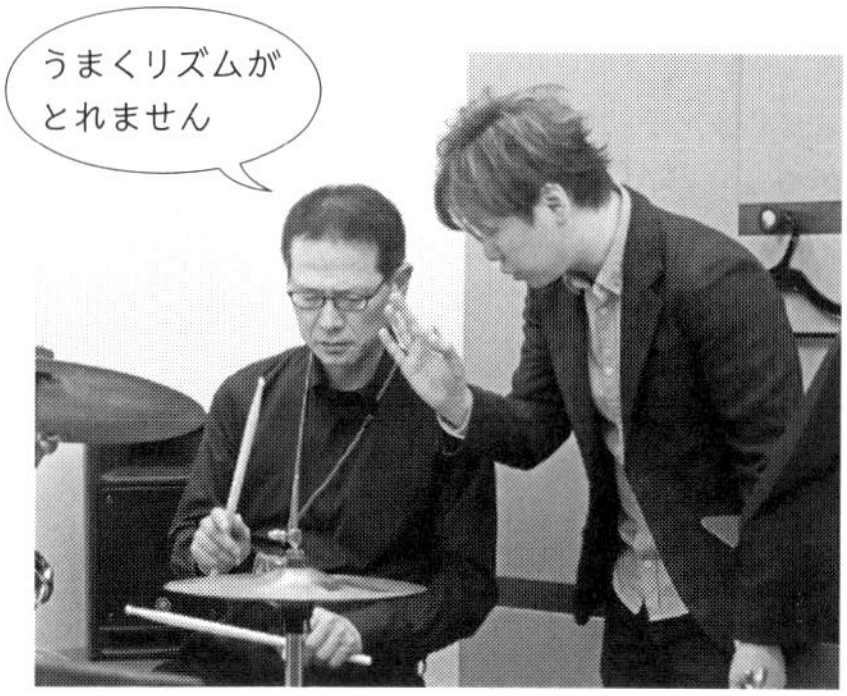

自宅で練習する場合は、座布団でもOK!　ダイエット効果があるためか男女比では女性のほうが多いのだとか。平均年齢約44歳

身体が楽器!! 日常生活でも「声や姿勢がよくなる」と人気

ヴォイトレ

ミュージック・キャンバス／個人レッスン30分　演奏歴＝高校で合唱　レッスン経験＝なし

個人レッスン専門で、本格的な発声が学べる川崎市新百合ヶ丘のミュージック・キャンバスさんにて宮本由季先生のヴォイトレ。はじめにピアノの音に合わせて発声練習。こちらのレベル感をつかんだようだ。「歌の呼吸方法を知っていますか？」との質問に自信を持って「腹式呼吸です」と答えると、笑顔で「そうです。よくご存知ですね。ではなぜ胸式ではなく、腹式なんでしょう？」と言われ絶句。聞けば腹式は、胸式に比べて、短時間で体に入る空気量が圧倒的に多いとのこと。また丹田《たんでん》や鼻腔《びこう》など発声に関わる体の仕組みや、その部位の使い方も発声練習の中で丁寧にご指導いただけた。日頃何気なく言葉を発しているけど、いい声を出すには体の仕組みをよく知っておくことが大切なんだと実感。正しい音程で歌うことの大切さも教わることができて、終わった後はなんだか歌手気分で、心も軽やか。

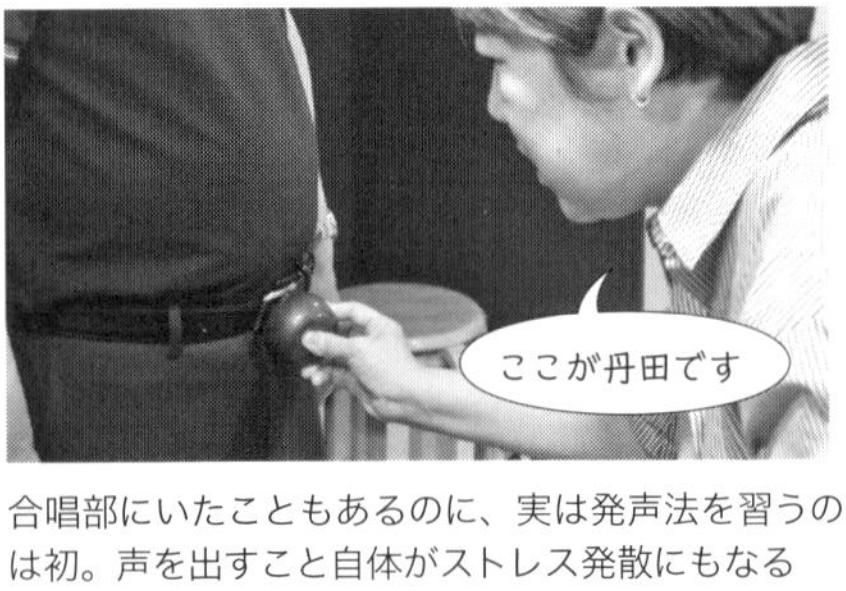

合唱部にいたこともあるのに、実は発声法を習うのは初。声を出すこと自体がストレス発散にもなる

輝かしい音が出せた時の快感は抜群!!　多ジャンルで活躍可能

トランペット

セプテンバーミュージックスクール／個人レッスン、アンサンブルレッスン合計１時間　演奏歴＝数回　レッスン経験＝なし

池袋「オクターヴハウス」に拠点を置くセプテンバーミュージックスクールにて、主宰する細川玄先生のジャズトランペット・レッスン。トランペットは中高生の頃、何度か友達の楽器を吹かせてもらったことがあり、すぐ音が出たが、そこからは簡単ではなかった。なんとか音階で１オクターヴは吹けたけれど、その上の音は出ない。同じ管楽器でもフルートとトランペットでは息の使い方がまったく異なるので、どうしても息を使い過ぎてしまうようだ。せっかくなのでセッションも経験したいと、細川先生のトランペット、「オクターヴハウス」の大塚謙太朗マネージャーのクラリネットと私のフルートでのアンサンブルレッスンに移る。フルートは吹けたけれど、ジャズのアドリブセッションは全然できず、これは白旗だった。次回、リベンジしてみたい。

アドリブセッションに挑戦

写真を見てわかるとおり、力み過ぎだったかも!?　ファンファーレ、吹いてみたい

渋カッコよさではサックスと双璧 知的に見えるし意外と音出し簡単

チェロ

音大大学院生／個人レッスン30分　演奏歴＝なし　レッスン経験＝なし

チェロは手近に大学院生に教わった。ヴァイオリンは構え方が少し大変だったけれど、チェロは床に置くのでそこは軽くクリア。弓使いもヴァイオリンに比べればゆったりした印象で持ちやすい。体との距離感も心地いい感じ。チェロの弦はヴァイオリンと同じ４本だが、１オクターブ半くらい低いので、音もズシリと身体に響いてくる感じ。また、弦と弦の間隔も広いので、私のように大柄で指の太い男性でも間違って隣の弦まで弾いてしまうミスは少ない気がする。ヴァイオリンと比べて、始めやすさという点ではチェロに軍配を上げたい。でも、葉加瀬太郎さんみたいなパフォーマンスの取りやすさは何といってもヴァイオリン。憧れちゃうなぁ。さあ、どっちにするか。

上の写真は、取材でうかがったミュージックアベニュー銀座のレッスン室。同教室ではレッスン中、無料で楽器レンタルできる

鍵盤＆管楽器のよさと手軽さ、健康増進効果もあり大注目株

ケンハモ

SUZUKIケンハモ認定講師／グループレッスン１時間　演奏歴＝小学校授業のみ　レッスン経験＝なし

ケンハモブームに乗り遅れるな、とばかりにケンハモを購入し、SUZUKI認定講師小野慎也さんによる体験レッスンへ。音大ピアノ科卒と２人でグループレッスン。ひと通り楽器の構え方や唄口のくわえ方の説明を受けた後、CDカラオケに合わせて音出し。音大ピアノ科卒は、自信満々で臨んだ様子だったが、思わぬ伏兵ダブル＆トリプル・タンギングに大苦戦。確かにタカタカ、タカタ、という舌使いはピアノにないので意外な盲点か。見た目はピアノに似ていても、案外管楽器経験者に有利かもしれない。ちなみに、学校では机に置くか短い立奏用唄口で吹くのが一般的だが、カッコよく弾くならホースを付けて縦持ちにし、ギターのように抱えて吹くのがオススメとのこと。ストラップが付いている機種があれば、それもOK。数日後、「ケンハモパーティ」にも参加して、なんと舞台にまで乗ってしまった。ケンハモ、楽しい!!

鍵盤ハーモニカの新たな魅力を伝える「ケンハモパーティ」（鈴木楽器製作所主催）では、多ジャンルがコラボ。フィナーレでは参加者に試奏用ケンハモが配られ全員で合奏！

ギター＝モテる神話は不滅!?
男性から絶大なる支持！

ギター

島村楽器ラゾーナ川崎店にて友人のレッスン見学／個人レッスン30分

銀行員時代の同期・高橋浩司君(50代後半。演奏歴＝中断多数の40年、レッスン経験＝6年半)がギターを習っているとの情報を聞きつけ、レッスン見学をさせてもらうことに。最初の数分は1人で指慣らし。その後前回習った曲を1人で1曲通して演奏し、ギター講師の斉藤惟吹《いぶき》さんからうまくできなかったところ2、3箇所の指導を受けた。途中、高橋君が楽譜に書かれた「tempo rubato（テンポ・ルバート）」の意味がわからず質問した際、講師がわかりやすく丁寧に説明していたのが印象的だった。その後もう一度通しで演奏し、次の曲も少し練習して、次回のレッスンイメージをすり合わせてちょうど30分で終了。銀行員時代の私は、東京勤務以外は、北九州、仙台、福島と完璧な国内派だったが、彼はNY、アムステルダム、モスクワなどを歴任した国際派。今も頻繁に海外出張しているものの、時間を確保し、レッスンに通っている、とのことだった。

SNSに動画を上げるだけあり高橋君の腕は大したもの。それでも斉藤さんは的確にウィークポイントを突いてくる。さすが！

第3章

音楽習って、人生を輝かせている人々

▼習うきっかけも、目的も、習い方も人それぞれ

さまざまなニーズに応える「音楽教室3・0時代」の到来——その中で音楽教室に通う大人のレッスン生たちは、どういうきっかけで音楽教室に行こうと思ったのか、そして実際に通ってみてどうだったのか、大いに気になるところですね。

音楽教室に通うきっかけは千差万別です（本書下段でもご紹介！）。こんな年齢になって初めていいものか、と悩みながら音楽教室の門を叩いたビギナーもいれば、子どもの頃習っていた「再チャレンジ派」、プロ顔負けの上達を目指す「ガチ派」もいます。とはいえビギナーでも今やそれが生きがいになりガチに近い人や、「再チャレンジだけどガチ」派などいろいろな例があります。ここでは音楽を習う目的の多様さや、いろいろな価値観を感じ、習い方のヒントにしていただければと思います。

〈1〉ビギナー

ビギナー①

楽譜が読めないシルバー世代ながら短期で上達!!

↗《エリーゼのために》を弾きたいと思い一念発起（ピアノ）

司法書士とご住職の仕事をされているWさん。近く引退することを決意する一方で、76歳の誕生日を機に音楽を習うことを思い立ち、約1年前に歌を、そしてその半年後にピアノを習い始めました。まったくの楽器未経験者です。

ピアノを習い始めて半年後に迎えたご自身初の発表会。ピアノではベートーヴェンのソナタ《月光》第1楽章を演奏（もちろん両手で！）、歌は多少心得があったようですが、たった1年でヴェルディのオペラ《リゴレット》のアリア「悪魔め、鬼め」を歌いました。

ピアノはたった半年ですから、かなりの無理はあったようですが、それでもなんとか最後まで弾ききりました。圧巻は歌。イタリア語でのボリュームある声量のバリトンは、正直70代後半とはとても思えないどころか、これが始めてわずか1年!?　と二重の驚きです。聞けば、ヴォイストレーナーが楽譜の読めないWさんに、1小節ごと丹念に区切りながら、発声訓練を行ったとのこと。ご自身も相当大変だったと思いますが、これによって短期間で声域の上限がミからソまで広がり歌うことができたそうです。Wさんは、プロスキーヤーで登山家でもある三浦雄一郎さんの**「歳をとっても鍛えれば成果は出る」という言葉を座右の銘に、目標を持ってピアノと歌のレッスンに臨んでいます。**楽器や歌は、高齢者にとっての大きな生きがいとして輝いています。

70代以上 ♀　夫を亡くした後に震災が起き、心にポッカリと穴が。いつ死んでも後悔しないように小さい頃からの夢だった ↗

ビギナー②

習い事上手！ 歌、英会話、ヨガの組み合わせ

特に女性に多く見られる傾向かもしれませんが、30代、40代になって子育てや仕事に余裕ができてくると、複数の習い事を組み合わせることで、それぞれをより深く楽しもうと考える人も出てくるようです。

医療系治験関係の仕事をされている女性Yさんもそんなひとり。歌と英語とヨガを習っています。一見それぞれの習い事には関連性がないように見えます。しかし、Yさんはもともと洋楽系が好きで、歌がうまくなりたいと習い始めましたが、そのうち歌詞の意味が理解できなければこれ以上の上達は難しいと考えるようになり、英語を習い始めました。その後、発声で壁に突き当たったときにヨガに出合います。ヨガで教わる息の流し方が、発声での壁を突き破ってくれたのです。

習い事をうまく関連づけることができれば、それぞれの習い事で大きな相乗効果（シナジー）が期待できます。しかも、それは仕事にもつながり、ちゃんと発声できるよう

60代♀ 友達に誘われて、仲良しグループで習い始めた（オカリナ）

になったことで、お客様との会話も弾むようになったとか。習い事を充実させエンジョイすることで、仕事上のメリットにもつながるなんて、とっても素敵ですね。

ちなみに、このように音楽教室に通いながら、音楽・楽器系以外の習い事もしている受講生は全体の約４分の１。やはり女性の比率が多く、男性の倍近くに上ります。

〈2〉再チャレンジ派

再チャレンジ派①

働き方改革の余暇活用で家族もホッ

近年「働き方改革」が叫ばれるようになり、日本でも本格的な余暇時代を迎えつつあります。しかし、これまで平日は深夜残業が当たり前だったサラリーマンも多く、ご本人はもとよりご家族にとっても、大きな戸惑いのもとになる場合があるようです。

建築関連の仕事をされている50代後半の男性Nさんもそのひとり。５年前に会社が突然「毎週水曜日は早帰り日にして定時に帰る」という方針を打ち出しました。30年以上22時頃まで会社にいる生活が続いていたNさん。突然水曜日は夕方17時に終わり、家に着くのは18時前、ということになったのです。家族思いのNさんは、自分以上にご家族が戸惑うのでは？と思い、水曜日は会社を出ても早帰りせず、同じ境遇の同僚数名との飲み会に充

40代♂　楽器を習ってみたいと思い楽器店へ行き、一番カッコいいサックスを購入（サックス）

てることにしました。毎週の飲み会、それはそれで楽しいのですが回を重ねるごとにマンネリ化し……。

そんな中で高校時代の同窓会に参加した際、「みんな時間に余裕ができたし、昔のようにバンドをやらないか」という話が持ち上がりました。とはいえ、40年近い歳月は、バンドメンバーの音楽の好みを変えており、同窓会バンドは実現せず。しかしこれが水曜日の過ごし方を考えるきっかけとなり、月4回ほどの飲み会のうち2回が、ギターレッスンに変わったのです。

レッスンは楽しくてやりがいもあり、今ではギターを触らない日はないそうで、最低でも15分は弾くとか。家族の生活もこれまでどおりで、ひと安心。今ではNさんのギターを応援してくれています。1回5000円前後の飲み代が月2回、ギターレッスンにシフトしただけで、毎月の出費は増やさずに普段では知り合えない多くの音楽仲間と交流し、勝ち負けや上下関係がない充実したシニアライフを満喫していま

Before

もう帰ってきたの？
After
ただいま
今日は何弾いたの？

60代 ♀ 若い頃から歌には自信があり合唱もやっていたが、ちゃんと習ったことがなかった。定年を機に（声楽）

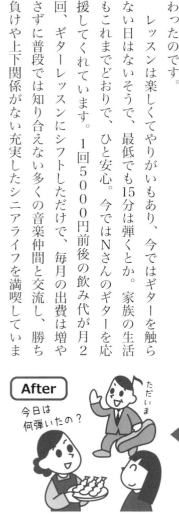

す。同僚との飲み会も、毎週から2週間に一度になってマンネリ化を脱しました。Nさんはギターを習って、近江商人ではありませんが、**自分も、家族も、同僚も、「三方よし」と満足げ**に話してくれました。

再チャレンジ派②
完全な息抜きで多忙な日々に潤い

日頃仕事で忙しく、「目標は会社ので十分」とか、「自分はそんなに頑張りたくない」という人も多いのではないでしょうか。人生の価値観は多様。オフタイムくらいそんな前向きにならず、自由に過ごしたい、というのもひとつだと思います。音楽教室はそんな価値観も受け入れてくれます。

ヴァイオリンでアイリッシュを楽しむ女性Kさん。職業は通訳案内士で、最近は特にインバウンド需要で大変忙しい毎日が続いています。仕事だけでは心の中がギスギスしがちで、何か日々の潤いになるものはないか、と漠然と思って過ごしていました。

ある時、ふと家に伯父さんの形見のヴァイオリンが眠っているのを思い出します。手に取ってみると、小さい頃ヴァイオリンを習っていた感覚が……それ以来、忙しいために家ではなかなか練習する時間は持てませんが、**音楽教室を完全な息抜きの場として自分の居場所にするように**なりました。月1、2回、あるいはそれすら都合がつかないこともあり

40代♀ 中学時代のブラバン仲間と同級会で会い、盛り上がり一緒に入会（アンサンブル）

ますが、それを認めてくれる講師のレッスンを楽しんでいます。

再チャレンジ派③

大人から始めて一度やめたフルートに再チャレンジ！

子どもの頃ピアノを習っていた女性Rさん。40歳になり、子育ても一段落。近所にパートに出て金銭的な余裕もできたため、何かやってみたいと思うようになりました。ピアノの再開も考えましたが、家にピアノを置けるスペースはありません。場所を取らない楽器を、と考える中で、中学時代に友人が吹奏楽部でフルートを吹いている姿がカッコよく、憧れていたのを思い出し、フルートを習うことにしました。

カルチャーセンターのフルート講座を見つけ、習い始めましたが、高音域が出ず悩みます。出ない音を無理して出そうとするので、30分くらいで酸欠状態になり、目の前がクラクラ……。これは楽器のせいに違いない、と考え6万8000円の入門用から44万円もする楽器に買い換えました。値段を聞いた旦那さんには怒られたそうですが、高音を出したい一心のRさんは怯《ひる》みません。しかし、残念なことにそれでも高音域は出ず……。

やがてレッスンが、子どもの頃受けた厳しいピアノレッスンと同じように感じられるようになり、とうとうRさんは教室通いをやめてしまいました。

それから3年ほど。ウォーキングをしていると、新しく開業したショッピングモールの

40代♂ 結婚相手は同じ趣味の人がいい。また音楽には嗜好が表れる。出会いを求め習い始めた（チェロ）

中に島村楽器があるではないですか！　帰宅後、フルートを取り出してみると、すっかり埃を被っていました。「これでは楽器がかわいそう」と再開を決意したのです。ここで現在の講師に出会います。すると、**不思議なことに今まで出なかった高音域がどんどん出るように！　それからは面白いようにフルートが吹けるようになり、楽しくなりました。**なんと月に８回通うこともあるそうです。

Ｒさんが通っている島村楽器イオンモール幕張新都心店は、レッスン日以外も練習でお部屋が借りられます。そのため、今ではウォーキングしてイオンに行き、30分のフルート練習後に買い物をして帰る、という健康的で充実した毎日を送っています。

〈３〉ガチ派

ガチ派①　20年以上のバリキャリ生活から音大大学院生へ！

現在音大の大学院で声楽を学ぶＳさん、58歳。インタビューでわかったことですが、私の同窓同期生で、同い年。大学卒業後、大手証券会社勤務。結婚してロンドンに滞在後帰国し、20年間大手外資系証券会社に勤務しました。

３～７歳までヤマハ音楽教室で歌とピアノ、ソルフェージュを学び、小中高校で合唱部

50代♀　娘の結婚式に、一生の思い出として《結婚行進曲》を娘とともに連弾したいと思い（ピアノ）

に所属。歌を学びたいとの思いはありましたが、ビジネスの第一線で活躍している間、仕事の忙しさがそれを許しませんでした。まったく音楽とは無縁の生活だったそうです。ただ、1年1年が勝負の外資系企業勤務生活の中で、「20年」がSさんにとってのひとつの区切りだったようです。２００８年12月に退職し、漠然と考えていた歌の学びに本格的にチャレンジすることを決意します。専門家でなくても入れる声楽家団体などで学び、コンクールに何度も出場しました。しかし、そこに「修了」がないことに物足りなさを感じ始めます。

そこで音大の大学院へ行くことを決意し、個人の音楽教室で和声と音楽史を習いながら音大の別科（学位取得がない1年単位のコース）で声楽を2年学んだ後、見事大学院の試験に合格しました。大学院はそれまでとは格段と違うようで、「大学院入学前までの自分の声楽は知識も技術もスカスカだった」と振り返ります。現在ではオーディションで大学院のオペラコースにも選抜され、さらに声楽の道を突き進んでいます。

卒業後にプロを目指すのは難しいと自認しつつ、後に続こうとする後輩が現れているのは嬉しそう。コンクールを通じてできた多くの仲間から、「どうやって大学院に入ったの？」と聞かれるそうです。今では自分の後を追って声楽家団体時代のコンクール仲間１人が大学院に入り、大学の数年後輩も大学院を目指して勉強しているとか。

↗ 音が大きくなくて、暇つぶしに気軽に弾けるウクレレを購入した
（ウクレレ）

「自分が大学院に進む際は、まったくの素人社会人がどうやって音楽大学にアプローチしたらいいのかわからなかった。自分がそれを曲がりなりにもやり遂げたことで、後輩に進む道を示すことができたのではないか」と話してくださいました。Ｓさんの声楽チャレンジはまだまだこれから先に、いくつものドラマが待ち受けているのかもしれません。

ガチ派② 主婦やビジネスマンがコンクールに挑戦、優勝！

２０１７年秋、衝撃的なニュースが飛び込んできました。なんと第18回大阪国際コンクールにおいて、**孫を５人持つ主婦が優勝した**というのです。中野万里子さん、昭和30年代のお生まれです。記事（同年11月9日付「ＮＩＫＫＥＩ ＳＴＹＬＥ」）によれば、京都市立芸術大学を卒業後、「一度は演奏家の夢をあきらめ、結婚、出産……と普通に家庭生活を送り、５人の孫に囲まれた女性がふとしたきっかけでピアノを再開、わずか３年でコンクールに優勝した」とのこと。「転機は今から４年前。『主婦のたしなみ』としてフェイスブックを始めたところ、『あなたのピアノが聴きたい』と書き込んだ人が現れ、『半ば冗談』で自分の演奏を動画に収めアップした」のだとか。そこからわずか３年で国際コンクールに優勝したのですから、まさに快挙！です。しかも意外な「オマケ」もあり、コンクールを受け続けるうちに若い人と顔見知りとなり、自然に言葉を交わすようになったとか。中野

40代♂ 若い頃ギターを弾いていたが子どもができてからしまいっぱなしに。
自宅マンションでは大きな音を出せないので、↗

さんにとってピアノは今や「最大のアンチエイジング」になっています。

また、ソニーのエンジニアで、社内サークル「ソニーピアノの会」に所属するMさんは、「**どういうわけか仕事が忙しい時ほどピアノを頑張っているし、よい演奏ができる気がする**」と言います。Mさんは、第6回日本アマチュアピアノコンクール（2001年）の最難関A部門*1優勝者。このアマチュアコンクールはお医者さんのチャレンジが多いことでも知られています。ちなみに、東大には「東京大学ピアノの会」以外に医学部にも「鉄門ピアノの会」があるそうですが、ピアノには医者の愛好家が多いのも大きな特徴かもしれません。

玄人肌のMさん。これだけピアノが弾けながらも「生業《なりわい》にしなくてよかった」としみじみ語っていたのが印象的でした。「**好きな曲を、好きな時に、好きな場所で、好きなだけ弾ける幸せ。それはアマチュアにだけ与えられた至福である**」――けだし名言、と思わずにはいられません。

「ソニーピアノの会」メンバー、クレッシェンド音楽教室（江東区）の斉藤浩子先生（前列中央）と

40代♂ 異動したら暇になったので、会社帰りに通っている（サックス）

▼音楽で人生は輝く！

ここまでさまざまな目的で音楽を習っている人たちをご紹介してきました。習うきっかけは人それぞれですが、老後の生きがいになったり、働くリズムの改善につながったり、チャレンジ目標ができたり……結果として多くの効用が得られています。

そして、こんな頼もしい意見もいただきました。

「音楽をやっている人は、モテますね」

そう語るのは、自身もヤマハで1年前にピアノを習い、半年前からは「青春ポップス」に通っている作家のにらさわあきこさん。恋愛や結婚、人づきあいに関して数々の著作をもつ彼女いわく、「音楽を習うのは、恋愛や婚活の場面で大きな効果がある」のだとか。

「クラシックを習っている人には高貴な、ロックやジャズなら頭がよさそうな、ポップスは親しみやすそうな人という印象があるので、そもそも好感度がＵＰしやすいです。話題を広げやすいこともあり、音楽が縁で結婚に至ったカップルは多いです。ビジネスマンだと、普段は会社でデスクワークする姿や会議に参加する姿、会社外での飲み会の姿くらいしか同僚には見せられないので、楽器を弾く顔があるとなると、〝意外な秀でた面があ

30代♀　音大卒だが、リズム感アップと婚活を目的に習い始めた（和太鼓）

る〟となり、ポイントが上がります。さらに、気持ちを伝えるには声のトーンやリズムが重要になりますが、音楽を1回でも習ったことがある人はそれが上手なので、そういう意味でもメリットが高いと言えますね」

どんなことがきっかけでも、音楽を習う楽しみは、必ず人生の充実につながる――それが音楽を習って、人生を輝かせている人々からのメッセージかもしれません。

コラム 連弾で合コン♥!?

みなさん、「連弾」というとどんなイメージをお持ちでしょうか？　多分、ピアノに詳しくない人は、生徒が弾くメロディーに合わせて先生が伴奏する演奏、くらいのイメージしか湧かないかもしれませんね。かくいう私も、同類でした。でも、それはとんでもない間違いだったのです。もちろん、ピアノ演奏方法の一種ではありますが、歴史を紐解いてみると、意外な一面もあるようです。

連弾とは1台のピアノを奏者2人が並んで座り、鍵盤に向かって右側の高音部（プリ

70代以上♀　ゲートボールが趣味だったが、友達を集めるのが億劫に。ボケ防止も兼ね、1人でできる趣味としてピアノを習い始めた（ピアノ）

モ）と、左側の低音部（セコンド）に分かれて演奏するものです。ペダルは、通常セコンドの役割です。

この連弾をピアノ練習用としてではなく、コンサート用に作曲した先駆者のひとりはモーツァルトで、お姉さんのナンネルと積極的に連弾コンサートを開いたようです。左の肖像画のようにモーツァルトの手とナンネルの手が交差したり、曲芸のような弾き方をしたりして、大変な人気を博したとか。その後、上流階級の女性たちは、こぞってピアノを習うようになり、その中で連弾は独身男性との出会いの場となっていきました。

また、積極的に連弾曲を作曲する作曲家の心の内には、特定の思いある人とピアノを弾きたい、との不純な動機があることも。芸術作品の中に、男の下心から生まれるものもあるなんて、ちょっと楽しくなる話ではありませんか？

特に、いかにも厳格なドイツ人をイメージさせるブラームス。恋愛感情を抱いていた作曲家シューマンの妻クララ・シューマンと一緒にピアノを弾きたくて、一所懸命連弾曲を書いています。あの気難しそうなブラームスも、ひと皮剝けば恋愛の虜だったなんて、なんともけなげな感じです。

姉・ナンネルと連弾をするモーツァルト

60代♂ 定年後、妻に誘われレッスン見学をしたら自分にもできそうだったから（ピアノ）

モーツァルトのように兄姉で弾く、先生と弾く、親子・孫と弾く、などいろいろな楽しみ方がある連弾。「連弾しませんか？」――こんな声掛けが、新たな出会いをもたらすかも、なんて考えも及びませんでした。でも、これなら自分から告白できない奥手の女性（男性も？）も、さり気なくアプローチできそうです。

このように、新たな出会いの場と位置づければ、何も弾き手は2人に限る必要はありません。好きな人が2人いて的が絞り切れない場合や、あえて二股かけたいという強者にはラフマニノフの「ワルツ」や「ロマンス」のような3人で弾く6手連弾というのがあります。座るといかにも窮屈そうですが、そこがまたいいところかもしれません。さらに本格的に「合コン」[*2]したければピアノ2台になりますが、8手連弾もあります。

ちなみに2人で同時にピアノを弾く方法としては、ピアノ2台で弾く「2台ピアノ」と呼ばれる演奏方法もあります。モーツァルトは2台ピアノの曲も書いていますが、並んで弾きたいお気に入りの弟子（もちろん女性の！）には連弾曲、好みのタイプではなく別々に弾きたい弟子には2台ピアノと書き分けていた、との説もあるようです。

連弾の醍醐味を知り、私も連弾してみたくなりました。誰か、一緒に連弾しませんか？

＊1：2006年より、日墺文化協会に主催者が変わり「国際アマチュアピアノコンクール」と改称し、現在に至っています。
＊2：すでに50代的言葉でしょうか。今は「婚活」の方が一般的かもしれません。そういえば「合ハイ」など、すっかり死語となっていることに、改めて気付きます。時代は確実に流れていますね。

60代 ♀ 友達と訪れたウィーンで見かけたチェロを衝動買い。せっかくなので教室を探して習い始めた（チェロ）

第4章

もしかして、
音楽って
最強の習い事?

▼音楽を習って得られるものとは？

楽器や歌を習う目的やきっかけはさまざまですが、習ったことで得られる効用には意外なものもあるようです。どんなものが得られるのか、さっそく見ていくことにしましょう。

〈1〉 音楽それ自体の魅力

◆音楽の魅力

音楽は、
世界に魂を、
心に翼を、
想像力に飛翔を、
悲しみに魅力を、
そして、あらゆるものに陽気さと生命を与えてくれる。

↗ 簡単に弾けたので、一緒のグループに入れてもらった（ウクレレ）

それは秩序の本質であり、
また、善であり真であり美であるものすべてにつながっている。
音楽は目に見えない。
だが、それだからいっそう、
魅惑的で、情熱的で、永遠なるかたちといえるのだ。

これは、2300年以上前にプラトン（紀元前427〜347頃）が語ったとされる言葉です。私はこの言葉に音楽の魅力の本質があるではないか、と考えています。**人の心を揺さぶり、想像力を掻き立てられるところに真の魅力があるのではないでしょうか。悲しみを魅力に昇華させる力さえ持っているのが音楽**です。

しかし、この魅力を言葉で伝えても伝えきれるものではありません。音楽は音楽でしか、その魅力を伝えることはできないからです。言葉を超えた音楽の魅力――それはいかなるものでしょうか？

冒頭の東山堂のCMは感動的でした。それは下手でも弾く曲に思いが込められていたからです。亡き母との思い出、花嫁の幼少期や反抗期など、これまでの二十数年のさまざまな出来事や思いを、たった2、3分の曲に込めることができるのです。何万の言葉を要し

50代♀ 友達がウクレレを習い始め、楽器にオリジナルの飾りつけをしたりして楽しそうだった。遊びに行った時、弾かせてもらったら ↗

ても決して伝えられないメッセージ力を、音楽は持っています。**楽譜に込められた作曲者の思いは、時空を超えて「永遠なるかたち」になる**のかもしれません。

そんな音楽の崇高さの一方で、〝現世ご利益〟を求めるのも私たち現代人の性。ここからは音楽を習うことによって得られる楽しみや喜びについて、具体的に見ていきましょう。

◆音楽を習うことで得られる楽しみや喜び

まず、アンケートや取材で見えてきた音楽を習う楽しみや喜びを、音楽に関係することに限定していくつか挙げてみたいと思います。

- 演奏がうまくなったときの達成感
- 人前で演奏したときの高揚感
- 楽譜が読める楽しさ、読めるようになる喜び
- アンサンブルで音を合わせる楽しさ、ハモった時や演奏がキマった時の気持ちよさ
- リズム感、音に対する感度がアップする嬉しさ
- いろいろな音楽に関心が向く楽しさ

40代♂ 小学校の教員。学校で生徒がドラムやっているのを見て、自分もやりたくなった（ドラム）

- 知っている曲が増え、それが聴こえてきた時のワクワク感
- 演奏を習ったことによる、いい音楽を聴いた後の感動の深まり
- 自己研鑽を心掛けたり、自ら目標設定したりするようになる向上心の芽生え
- 美を追求する喜び
- 音楽を通じ、これまで出会うことのなかった仲間ができる楽しみ

私は上達が実感できたときに、いつも自転車に初めて乗れたときのような感動や達成感を味わっていますが、音楽を習う人がこの中のどの楽しみや喜びを感じるかは人それぞれです。ただ多くの人が**楽器を始めたことがきっかけとなって、世界が大きく拓けた経験をお持ちで、それがさらなる楽しみや喜びにつながっています。**

例えば、ピアノを習ってみたら楽しくて、楽譜を使わず耳コピで演奏していたのに楽譜の勉強をし始めたり、ひとりでフルートを習い始めたらアンサンブルに目覚めて仲間が増えたり、最初は発表会に出る気なんてさらさらなかったのに、上達したら夢中になって発表会どころかコンクールにまで出るようになったり……その意味では先ほど挙げた習う楽しみや喜びは、それぞれが独立したものではなく、どれかを取っかかりとして、どんどん広がっていくイメージです。やがて「今年の目標は○○と××を弾けるようになること」

60代♀ ヨーロッパで見かけた路上パフォーマンスのヴァイオリニストに憧れて（ヴァイオリン）

などと自分で目標まで立てる人も出てきます。

　実際に演奏してみることで、聴く楽しみや喜びの質にも変化が起こります。ゴルフやサッカー観戦でも、プレー経験があって観戦したほうが何十倍も楽しめるのと同じです。作曲やアレンジへの意欲が芽生えることだってあります。

　さらに、アンサンブルやバンドの場合、次はどんな演奏をしようか、と話し合うだけでワクワク感につながります。また、自分のやっている楽器について語り出すと止まらなくなる、というのも音楽好きの特徴かもしれません。

　このように、さらなる楽しみや喜びにつながるのは、音楽が国籍・民族・人種・性別・世代に関係なく、ひとりでも大勢でも、健常者でも障がい者でも、初心者でも中・上級者でも楽しめ、いろんなジャンルがあるからかもしれません。また、演奏する

《図4》

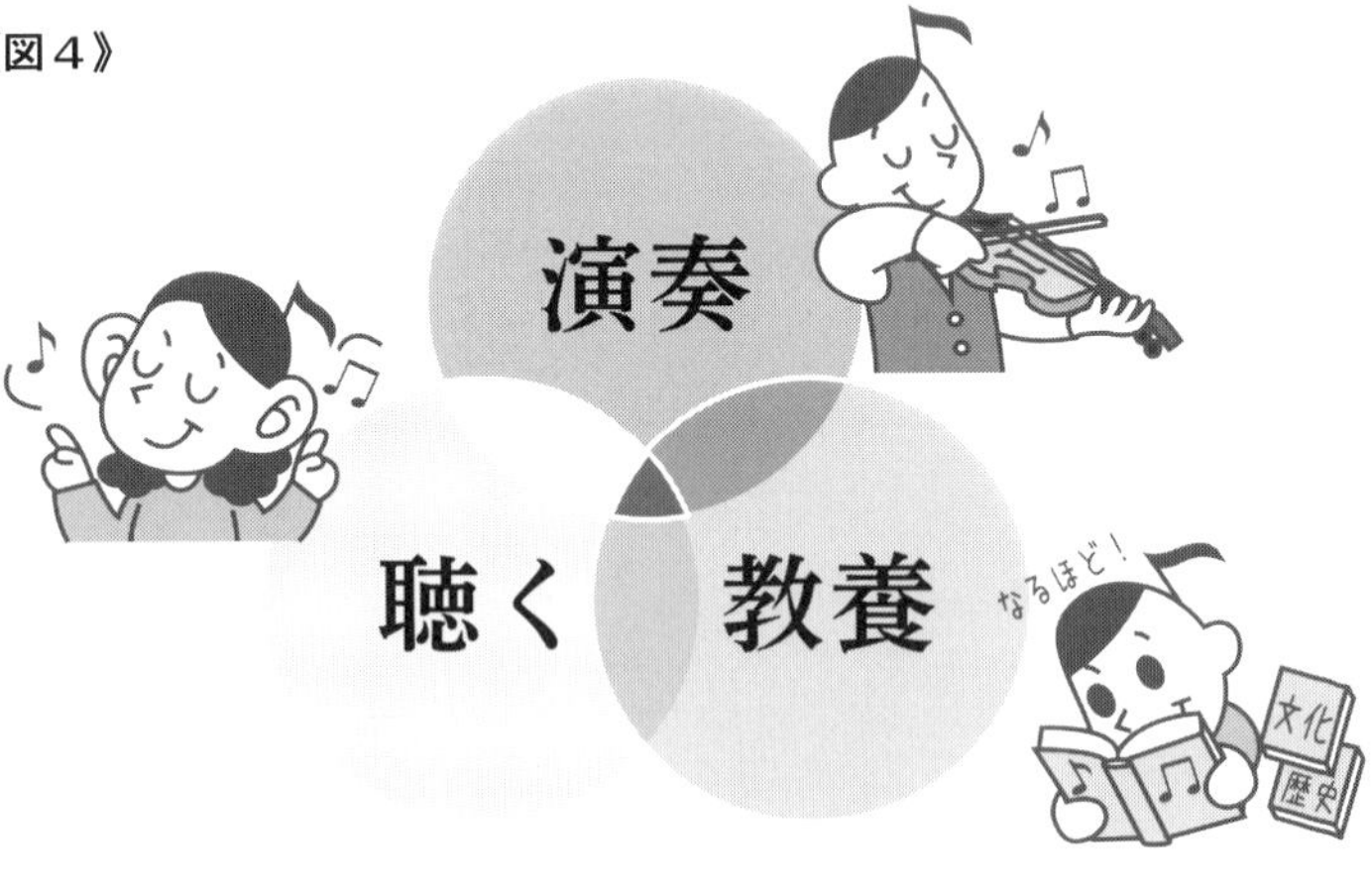

30代♂　昇格したことで生活に余裕ができ、今なら上達も見込めると思いレッスンを申し込んだ（ギター）

立場、聴く立場があり、教養知識として身に付ける対象にもなっていることから、楽しみ方もいろいろ。シナジーが期待できるのも魅力です（図４）。音楽の持つユニバーサル性、あるいは懐の深さの表れ、と言い換えてもいいかもしれません。

ちなみに、楽しみや喜びとは少し性格が異なりますが、**中断してもやり直せる、というのも大きな魅力**です。実際私には何度もの中断経験があります。ピアノがなかなか上達せず嫌になったり、銀行の仕事が忙しくて他のことをする精神的余裕がなくなったり……でも、再開しようと蓋を開けたピアノや取り出したフルートは、いつも私を温かく迎え入れてくれました。

〈２〉ビジネスや他の学びとのシナジー

◆なぜリベラルアーツが必要なのか？

先ほど演奏、聴く、教養という３つの音楽の楽しみ方についてお話ししましたが、最近、ビジネスの世界でも、専門的な知識だけではなく、**社会人として生きていくうえで役に立つ学びであるリベラルアーツの重要性が指摘される**ようになりました。中でも音楽は、文法学・修辞学・論理学の３学と、算術・幾何学・天文学とともに、「リベラルアー

50代♂ 仕事で大勢の前で話をしなければならないこともあるのだが、苦手。声の出し方を知り度胸をつけるために通い始めた（ヴォイトレ）

ツ」の源流とも言える古代ギリシャの自由7科のひとつだったので、注目度が高いようです。

音楽には先ほどお伝えしたように、人の心を揺さぶり、想像力を掻き立てる力がありま す。この力は、もしかすると受験やビジネスの世界でも大きな力を発揮するものなのかもしれません。そのように考えるのが自然と思われる出来事に、取材の中で出合いました。どのようなものでしょう。

◆ピアノを習うと主要教科の成績も上がる⁉

とかく私たちはピアノなどを習う分、他の学習時間が減ってしまうため、音楽と勉強は〝両立〟しにくい、と対立軸でとらえがちです。しかし取材を進めていくうちに、私たちは時間感覚にごまかされているだけで、実はピアノなどの学びと他の学習との間には、むしろ相互作用があるのではないか、と思うようになりました。

例えば、600人以上の生徒を擁し、多くの生徒がピティナ・ピアノコンペティションなどに入賞することで知られる江東区豊洲のクレッシェンド音楽教室を主宰する斉藤浩子先生のお話です。斉藤先生によれば、小学4年生や中学1年生など早い段階で受験を理由に休会してしまう生徒さんに比べ、「1カ月だけ休ませてください」などと言って**極力ピ**

50代♀ かつてクラシック系のピアノを習っていたので
ジャズをやってみたくなった（ピアノ）

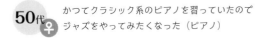

アノを中断せず、受験後も早くピアノを再開する生徒さんの方が有名中学・高校への合格率が圧倒的に高い、というのです。

同じことは日本を代表するピアノ指導者のおひとりで、ジャスミン音の庭室内楽クラス代表、昭和音楽大学ピアノ講師である多喜靖美先生の門下生にもあてはまります。多喜先生門下は、音大受験生のみならず、現役音大生や音楽教室講師、さらにかなりハイレベルな社会人ピアニストなど多彩な顔ぶれです。中には音大を出て、いったん子育てで音楽から離れたあと、自分の子どもとともに習い直しで通っている人なども在籍されています。

その筆頭格はＫＢさん。大学受験期間中に1年くらいレッスンを休んだものの、入学決定後すぐにピアノを再開しました。しかもその大学は、東京大学。彼女は大学院に進み、現在は誰もがご存知の運輸関係大手

多喜先生（右列前方から４番目）、門下生のみなさんと

60代♂ ボケ防止に（サックス）

企業でITシステムの設計開発・保守運用をされています。大学時代は、「東京大学ピアノの会」副会長を務めたそうで、当時の会長は今のご主人。彼も、ピアノを続けながら、大学受験をクリアし、KBさんとは陸と空の違いはあるものの、現在やはり名の知れた大手企業に勤務しています。そして取材時（2018年3月）、就活中だった慶應義塾大学法学部3年のAさん。彼もやはり受験での中断は数カ月で、合格後すぐピアノを再開しました。受験勉強に際し、ピアノには次のような効用があったといいます。

●ピアノレッスンで楽曲全体を俯瞰する訓練を受けていたため、現代文でも文章全体を通じて「著者が何を言いたいのか」から考える力が自然と身についていた。

●受験では受験日から逆算して勉強スケジュールを組む必要があるが、これは発表会に向けた練習プログラム作成と同じ。受験も発表会もひとつのプロジェクトと考えれば、プロジェクト管理力のあるピアノ学習者は受験に有利。

●発表会などの本番を何度も経験し、舞台度胸がついた。これも受験本番での実力発揮につながった。

また、このインタビュー時に高校3年だったOさんは、ちょうど公立大学に合格したばかりで、何と彼女のレッスン中断は1、2週間！　多喜先生の教えのすばらしさもあるのでしょうが、みなさん最低限の中断で難関大学に合格し、ピアノ再開を果たしています。

40代♀　リフレッシュ、気持ちの発散（ピアノ＆声楽）

ちなみに東大合格者数1位の開成中学校では、全員が授業でピアノを弾くそうで、小さい頃ピアノを習っていた生徒の割合は過半数を遥かに超えるとのこと[*1]。

そして何といっても2018年のピティナ・ピアノコンペティション。多くの音大生、卒業生がひしめき合う中で、その頂点、特級グランプリ優勝を果たしたのは東大大学院1年の角野隼斗さんです。角野さんはその開成中・高校から東大工学部を経て、大学院に進学しました。お見事！という他ありません。この快挙を見ると、ピアノと勉強の関係は〝両立〟ではなく、**ピアノが勉強に、また勉強がピアノによい影響を与える相互作用があると考えた方が自然な気がします。**

世の中ではピアノは受験の邪魔、との考えがまだまだ支配的ですが、本当にそうなのか、脳科学の知見をお借りして、今後検証していく必要がありそうです。

◆ピアノなどの学びが受験でも評価される時代の到来！

音楽と受験にこのような関係があることを裏付けるように、最近では入試に音楽の学びが〝使える〟領域が広がってきています。

2016年に初めて行われた東大の推薦入試で、ピアノコンクール実績をアピールした合格者が出たとのことですし、慶應義塾大学法学部FIT（AO）入試では、芸術領域で

30代♀ 自分はレッスン好き。料理、英語などいろいろ行ったが楽器に完全にはまった（サックス）

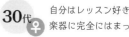

の成果が評価される仕組みが導入されました。また、立教池袋中学校のAO入試では10年以上前からピアノなどの演奏で受験ができるようになっています。その意味で「音楽教室3・0時代」は、受験にも楽器の学びが生かせる時代でもあるのです。

◆実際のビジネスにも役立つ！

音楽演奏が学校の勉強や受験に役立つという話は、ビジネスにも当てはまります。特に前項のAさんが語ってくれた効果のように、**全体を俯瞰する力は会社経営にこそ必要です し、発表会までの準備はプロジェクト管理に、本番での舞台度胸はプレゼンテーションの巧みさにつながります**。実際取材の中で、それが目的だったわけではないものの、結果的に仕事に役立っている、との多くの声がありました（第7章参照）。

また、音楽もひとつのコミュニケーションツールですから、聴くだけでもコミュニケーションの引き出しがひとつ増えたり、自己を見つめ直し感性を磨くことに役立ったりします。これに「演奏する」が加わることで、より音楽の味わいや感動が深まったり、語学習得能力が高まることまであることがわかっています（88ページ参照）。

「演奏する立場、聴く立場があり、教養知識として身に付ける対象」でもある音楽には実にさまざまなシナジーがある、と考えてよさそうです。

↗ 家族にほめられたのがきっかけ。レパートリーが少ないので教室に入ってみた（ギター）

◆もっとも重要な〝価値〟を見抜く

異文化、異業種交流が新たな事業機会を生む、というのもこの延長線上にあると考えられます。１＋１が２ではなく、３にも４にもなり得るのがシナジーです。これを経営学者、社会学者のピーター・ドラッカーは「イノベーション」という言葉で表現しています。

ドラッカーによれば、イノベーションとは顧客に「新しい満足を生み出すこと」で、そのために必要なものは、「発見」よりも製品やプロセスの「組み合わせ」であることが圧倒的に多い、と指摘しています*2。**ドラッカーが大切にした「真摯さ」（インテグリティ）をもってビジネスに向き合い、音楽などのリベラルアーツの知見を組み合わせることで新たなイノベーションが巻き起こる可能性が高まる**ことを示しています。

一方、ドラッカーの指摘した組み合わせとは裏腹に、組み合わせることでがんじがらめの隘路《あいろ》にはまってしまう例もあるようです。その典型が、いわゆる〝大企業病〟ではないか、と私は考えています。

企業は、企業行動に合理性を持たせるための論理（ロジック）、株主への説明責任（アカウンタビリティ）、法令等の遵守（コンプライアンス）の３つを重視します。その結果、本来ライバル企業との差別化こそが企業の命脈にもかかわらず、みな同じように行動

60代♂ 中学の頃、ギターが好きでフォークグループをつくったこともある。引っ越しの時に出てきたギターを久々に弾いたら意外と弾けて、↗

してしまうのです。これではイノベーションではなく、リストリクション（呪縛）です。

最近で象徴的なのはメガバンクの人員削減でしょうか。企業それぞれの戦略によって人員を増やすところがあれば、減らすところもあっていいはずですが、なぜか同じ時期に同じように大量採用したり、大幅削減に走ったりします。答えがひとつしかない受験科目で優秀な成績だった人ばかりの集まりですから、同じ事実からは、同じ結論が導き出されがちなのかもしれません。そうだとすれば、ＡＩが導き出す結論は集積データの結果ですから、今後ＡＩ化が進めば、ますますこの傾向は強まりそうです。

日本の教育を見てみると、英数国理社という、いわば**事実を学ぶ学問偏重が顕著で、音楽、美術、哲学など、価値を学ぶ学問が軽視されている**気がします。ドラッカーが言うように、「企業の目的は顧客の創造」で、「顧客にとっての価値」からスタートする必要があるとすれば、もっと価値について学ばないといけないはずです。

これからのビジネスマンにとって本当に必要な力は、私が銀行で受けた論理性や理性を磨く訓練ではなく、「顧客にとっての価値」を見抜く感性の訓練なのかもしれません。**音楽にはその滋養成分が大量に含まれている**気がします。

「顧客にとっての価値」――これは何もビジネスに限った話ではなく、選挙民や国民を顧客と考えれば、政治家や官僚の世界にもあてはまりそうです。それを示すかのように、

図５　イノベーションとリストリクション

〈ドラッカー的イノベーション〉

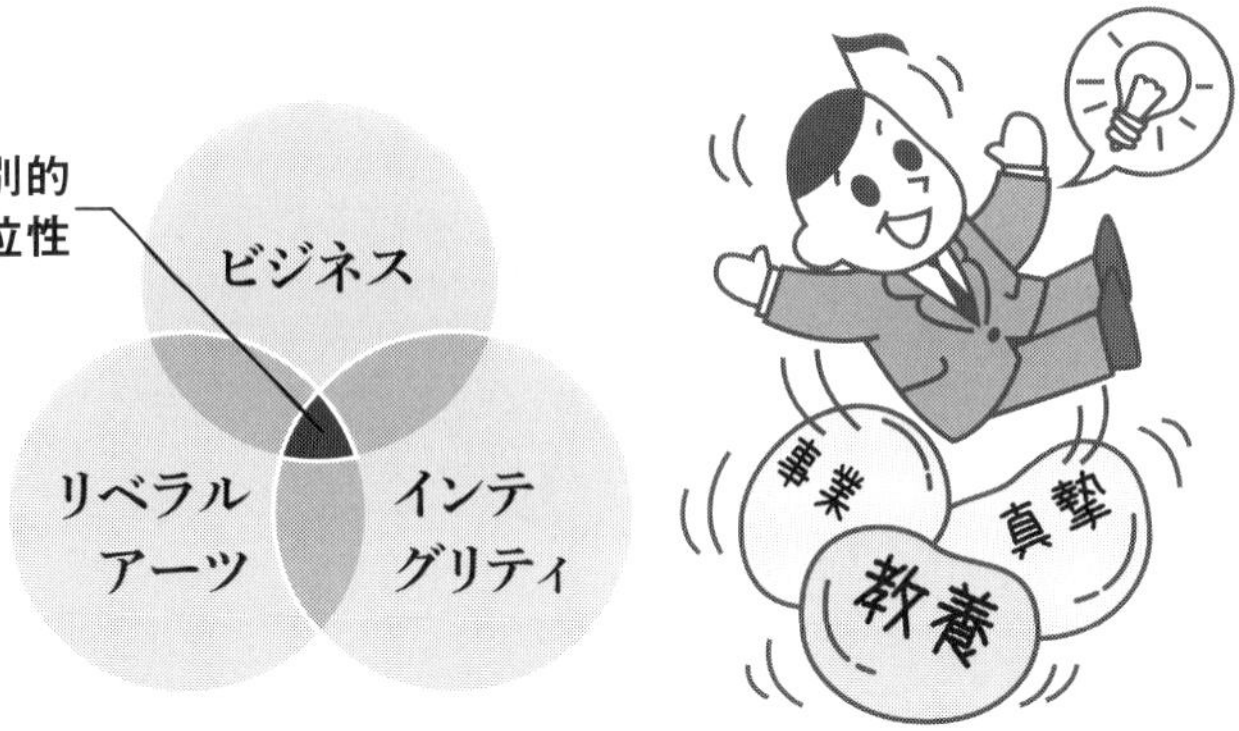

３つの領域を“結合”して差別化

〈反ドラッカー的リストリクション〉

３つの領域の“制約”でがんじがらめとなり大企業病を発症

20代♀　一芸を身につけたくて（ヴァイオリン）

次のコラムでご紹介するとおり、政界、官界などにも多くの音楽愛好者がいます。

コラム VIPもすなる楽器や声楽というものを

2019年5月に即位される皇太子様のヴィオラや美智子様のピアノなど、皇族の方々の演奏場面をテレビでお見かけすることがありますよね。お聴きになるのも熱心で、演奏会にもおいでになるようです。また、小泉純一郎元首相やユニクロを運営する株式会社ファーストリテイリングの柳井正会長兼社長などは、音楽鑑賞を大事にしていることで有名ですが、政官界やビジネス界などにも楽器や声楽を趣味にしている方が数多くいます。

まずは私が在籍していた銀行業界から。みずほ銀行で浜松支店長や本部の部長などを歴任された神田紘爾さん。「誰それ？」と言われそうですが、「シンガーソングライターの小椋佳さん」と言えばいかがでしょう。統合前の第一勧業銀行時代から二足の草鞋を履き、銀行員としても名を馳せていました。また、国民的フォークソンググループ「かぐや姫」の元メンバー森新一郎さんもグループ脱退後、30年以上銀行に勤め、現在は退職し、地元大分で演奏活動を再開しています。

日本銀行では、「日銀のエース」との呼び声が高い雨宮正佳副総裁がピアノマン。若い頃は音楽家を志していたこともあったとか。また、きらぼしフィナンシャルグループの坂

40代♀ 家にあった伯父のヴァイオリンを手にしたが、正しい音が出ず…（ヴァイオリン）

本隆会長は、たまたま私が出席した2017年7月の同グループ（当時は都民銀行）本館落成式で、頭取（当時）スピーチ後、突然「ピアノを弾く！」と宣言され、演奏しました。まだ始めて5年とのことで拙さは拭えませんでしたが、「まさか頭取が!?」と参加者は一様に驚き、感心していました。

ちなみに、海外に目を向けると、著名投資家のウォーレン・バフェット氏がウクレレを楽しんでいるようです。意外ですね。

日本の実業家では前澤有作ZOZO社長が元バンドマン。平澤創日本コロムビア会長（親会社フェイス社長）は、大阪芸術大学卒。音楽制作会社ビーイングでZARDやB'zとデビューを競ったといいます。また龍角散を再建させたことで有名な藤井隆太社長は、桐朋音楽大学・大学院卒業、仏パリ・エコール・ノルマル音楽院留学の経験がある本格派のフルート奏者。その他、新日本フィルハーモニー交響楽団理事長でもある宮内義彦オリックス シニア・チェアマンは合唱、日立建機平野耕太郎社長はサックス、独シーメンス日本法人藤田研一社長はベースでジャズセッション。オートバックスの実質創業者で現在相談役の住野公一氏はチェロ。住野氏は大阪フィル元常任指揮者の故・朝比奈隆氏から宝塚歌劇団のオーケストラに誘われるほどの腕前だとか。また明電舎三井田健社長は4歳からヴァイオリンを習っており、日立製作所清水章前業務役員常務（ヴァイオリン）と一緒に演奏活動を行い、5年ほど前からは相川哲郎三菱自動車元社長（チェロ）、福田直利Jパワー常任監査役（コントラバス）と弦楽合奏団の支援を行っているそうです。

30代♀ プレゼン上手になりたくて（発声）

そしてお役人では佐藤隆文元金融庁長官。バッハ好きが高じて成人後、ピアノを弾くようになりました。元復興庁事務次官岡本全勝氏はフルートだそうです。

最後に政治家ですが、日本共産党の志位和夫委員長のピアノ演奏は趣味を超える領域とのことですし、細田博之元官房長官は39歳でピアノを再開した再チャレンジ派。HPを見ると、古屋圭司衆議院議員はクラリネットを吹くとか。

このように多くのVIPが楽器や声楽を楽しんでいます。実際にはさらに多くのVIPが音楽演奏を楽しみ、「顧客にとっての価値」を考えるヒントにしているはずです。

〈3〉アンチエイジングやボケ防止にも

◆演奏による運動効果

演奏による健康効果について、「運動以上」などと言うと、眉唾もの！と思う人が多いかもしれません。学校教育の影響もあってか、どうも我々には、「運動は体にいい」との信仰にも似た刷り込みがあるようです。しかし現実には、**必ずしも運動全般が体にいいとは限らず、やり方によっては有害ですらあります。**

↗帰京後も近所の教室に転校し習い続けている（クラリネット）

ＡＥＤ財団の三田村秀雄理事長によれば、運動している人の突然死リスクは、運動中やその前後には、それ以外の時の17倍にものぼるとのことです。そう言われてみれば、例えば早朝のジョギングや、ゴルフでの突然死はよく耳にします（表3参照）。ゴルフの突然死の原因となる症状は、業務多忙で運動不足の中、急に体を動かして心臓に負荷がかかったり、真面目で上手な人が「このパットはどうしても沈めないと……」と強いストレスを受けて発症することが多いようです。また運動は常にケガと隣り合わせですし、激しい運動は大量の活性酸素を発生させ、健康に悪い影響を及ぼすとも言われています。

なお、全米安全協会によれば、家庭内での死傷事故は年々増加傾向にあり、２００９年の統計ではその4分の1が転倒によるものだとか[*3]。私もだんだんその年齢に近づいているので、認めたくない気はしますが、「年寄りの冷や水」とはよく言ったものです。

《表３》スポーツ種目別の突然死危険率（40歳以上）

	40～59歳	60歳以上
1	ゴルフ	ゲートボール
2	ランニング	ゴルフ
3	水泳	ランニング
4	スキー	登山
5	登山	水泳
6	野球（合計）	ダンス
7	テニス（合計）	テニス（合計）

「本邦成人におけるスポーツ中の突然死の実態と発生機序に関する研究」（村山正博、1993年）をもとに著者作成

40代♂　高校と大学、会社でも吹奏楽部に入ったが、単身赴任で地方転勤に。見知らぬ土地で時間をもて余し音楽教室通いを始め、↗

このように「運動＝健康」という図式は、そう単純にあてはまるものではありません。考えてみると、これまで音楽はほとんど健康と結び付けて語られてきていませんが、感情表現のために体をゆすったり、楽曲によっては素早く手や指、腕や足を動かし続けなければなりませんから、健康と関係がありそうです。日々練習する中で、**その日の体調や精神状態だってチェックできるので、健康のバロメーターにもなります。**

調べてみると**運動量では、ピアノ演奏でだいたい掃除などの家事に、ドラムは自転車乗りに相当**するようで（実際やってみましたが、結構大変です）、**脳にも刺激を与えます。**管楽器や歌ならブレス（息つぎ）しますから、呼吸器にも影響を及ぼします。そう考えると音楽演奏は、体にかなりプラスの影響が期待できるのではないでしょうか。

実際のところ、どうなのでしょう？　専門家にうかがってみることにしました。

◆楽しみながら健康寿命を延ばす

まずは、呼吸器や体全般に与える影響について、テレビの健康番組（テレビ朝日「たけしの健康エンターテインメント！　みんなの家庭の医学」、ＴＢＳ「ビビット」など）に出演されていることで有名な千代田区の御茶ノ水呼吸器ケアクリニック・村田朗院長にうかがってみました。

60代♀　老後の楽しみが欲しくて思い切って体験レッスンを受けてみたら、はまった（チェロ）

村田院長によれば、人間の器官は、「使わなければすぐ衰える」とのこと。例えば、呼吸機能が弱って酸素吸入器を付けるようになった患者さんで、ご家族が可哀想だからと至れり尽くせりの患者さんと、放っておかれて何でも自分でやらなければならない患者さんでは、前者が圧倒的に早く亡くなるケースが多いそうです。同じように健常者も、日頃から体のさまざまな器官を使うことが、その器官の老化予防につながります。つまり、手指や腕、呼吸器、舌を使う演奏は、それだけで健康寿命の延伸に効果があるのです。

村田院長がご専門の呼吸器に関する病である肺炎は、日本の死亡原因ではガン、心疾患に次ぐ第3位。しかも**後期高齢者の肺炎の大半は「誤嚥性肺炎」です。管楽器や歌の演奏は、その予防効果、発症した時のリハビリ効果ともに大いに期待できる**ようで、35ページでご紹介した古賀市のケンハモを活用した介護予防の取り組みも、このような効果を狙って実施されています。

また**管楽器や歌は、腹式呼吸によるブレスで一度に多量の酸素を吸入するので、ヨガや気功などと同様、酸素が体に行きわたり、とても健康にいい**そうです。そのため呼吸器が弱った患者さんに対しては、症状によってカラオケに行くことを勧める場合もあるほどだとか。大きな声を長く出すことで、より大きな効果が期待できます。

特に女性は胸式で呼吸する人の比率が多く、そのような人には管楽器や声楽は健康保持

70代以上♂　時間ができ、学生時代に習っていたクラリネットを吹いてみたくなった（クラリネット）

にうってつけ。

さらに、**体全体を使った表現や手指運動は適度な有酸素運動**になり、継続することで体脂肪を減らす効果もあるのだとか。まさに一石二鳥の効果が狙えます。

「健康のためにも、大いに楽器や歌をやったらいい」

村田先生の力強いそのひと言に、とても勇気付けられました。

そして、村田先生のお話を裏付けるような話をひとつご紹介しましょう。２０１6年1月に沖縄でたった3人で始まった、65歳以上限定のロック系コーラス隊「ＯＮＥ ＶＯＩＣＥ」。今では総勢60人が集い、「うたの日コンサート」（毎年沖縄県にて開催）では沖縄出身のバンドＢＥＧＩＮをバックに歌ったり、ローソン沖縄のＣＭにまで出演。最初は体力がもたず2曲しか歌えなかったのが、今では20曲、1時間半のコンサートをこなすまでになっています。人生を充実させながら健康も手に入れた好例ですね。

◆脳に与える好影響

次に、医学、工学、芸術を融合させたユニークな研究で知られるソニーコンピュータサイエンス研究所リサーチャーで医学博士の古屋晋一先生に、演奏が脳に与える影響について、お話をうかがいました。古屋先生は科学者らしく、常に科学的な根拠（エビデンス）

40代♀ 部活で忙しくなり音楽教室を退会した娘のピアノ（奮発して購入）がもったいないので自分が習い始めた（ピアノ）

のあるなしを示しながらお話しされるのが印象的です。

まず、楽器演奏が脳に与える効果について3点指摘されました。

第1点は感覚機能への効果。特に年を取った際の**「聴力の低下」には、演奏による抑止効果**が知られているとのこと。

2点めは運動機能への効果。**手指や腕の巧緻性は加齢とともに低下するものの、楽器演奏によってそれを遅らせることができる**のだとか。これにはリハビリ効果もあり、「脳卒中の患者さんにピアノの鍵盤を指で押さえてもらったり、ドラムを叩いてもらったりして音を出すリハビリは、通常のリハビリ法（CIT）に比べ、顕著な運動機能回復効果がある」（『ピアニストの脳を科学する』春秋社刊より）ようです。リハビリ、という意味では、音楽教室取材で出会った男性Kさんも、「ゴルフでケガをして動かなくなった右の薬指が、ピアノを練習しているうちにかなり動くようになった」とお話しされていました。もしかすると、これもピアノ練習による脳への刺激がかかわっているのかもしれません。

そして3点めは、認知機能への効果。認知機能で一番大切なのは「記憶」で、これを司っているのが大脳にある「海馬」と呼ばれる器官。**人間の海馬は加齢とともに機能が衰えていくものの、楽器演奏にはその衰えを軽減する効果があり、記憶力低下に歯止めを掛けられる**ことが実証されているとのことです。

50代♂ 生前葬を行い、音楽仲間とともに自分の好きな曲を弾くのが夢（サックス）

続けて、楽器を「演奏する」場合と「聴くだけ」との違いについてもうかがいました。こちらは2点。「演奏する」方が、より聴力機能が高まることと、より深く感動できることがわかっているとのこと。

まず聴力機能。**聴くだけでも効果はあるものの、「演奏する」というアクションが加わることでよりその効果が高まる**そうです。自動車運転などでも言えることですが、実際に自分でやってみると、その動きの結果を脳がシミュレーションするようになります。「感覚予測」といわれるこの機能が高まれば、知覚の精度が上がり、ステージ上でのプロの演奏をより近いレベルで追体験できるとのことでした。

より深く感動できるという点については、心拍数の増え方が聴くだけよりも演奏した方が大きく、「**自分の指先で奏でることによって、感情がより大きく動き、音楽による感動がいっそう深まる**」とのこと。この心拍数の変化の裏には、快楽物質ドーパミンやセロトニンなどのホルモン分泌がかかわっていると考えられています。

好きな音楽に接するとドーパミンは脳内で大量に分泌されますが、同じ曲でも単に聴くだけより演奏する方がその分泌量が多いと考えられています。このホルモン分泌は、楽器演奏の効果として明らかになっている「**抗うつ効果**」にも影響している可能性が高いとのことでした。

30代♀ 夫婦で行った沖縄で現地の人が歌う民謡を聴き感激し、勢いで三線購入。共通の趣味として一緒に習い始めた（三線）

これらのことは、音楽はただ聴くだけよりも演奏したらもっと楽しめる、ということを示唆していると考えられます。

◆さらに驚きの効果が！

古屋先生のお話はとても興味深く、せっかくなので「大人になってからでも右手と左手が別々に動くようになるものなのか？」という、ピアノ未経験者の誰もが最も不安に思う点についても質問してみました。すると、右手と左手の動きは「脳梁《のうりょう》」と呼ばれる器官が橋渡しをし、早い指の動きではこの脳梁が混乱するものの、**練習することで、「大人になっても脳の神経細胞や繊維は増え」、脳梁の発達も期待できる**とのこと。「大人になってからの練習も無駄ではない！」との力強いお言葉をいただきました。

60代♂ 家を改築した際にリビングが広くなったのでグランドピアノを購入。せっかくなので教えてもらっている（ピアノ）

また、ビジネスにも役立つこんな効果も。なんと「**楽器演奏は外国語能力を育むサプリメント!!**」だというのです。どういうことかというと、楽器演奏をやっていると語学習得能力が高まり、語学教室のように静謐《せいひつ》な環境ではなく、風や車の音がするリアルな環境での聴取能力が高まるのだとか。よく語学教室で勉強し、自信をもって海外に行ったら全然聞き取れなかった、という話を聞きますが、楽器演奏することで、**雑音の中での聴き取る力が高まる**というのです。

演奏することで音楽をより楽しめ、それが脳にもいい影響をもたらし、仕事にも役立つ――これが楽器演奏への脳科学からのメッセージです。

◆運動∧人とのつながり

音楽演奏の脳や健康へのメリット。「そんな効果もあったのか！」と驚いて読んでいた読者も多いのではないでしょうか。最近になってさらに追い打ちをかけるように、まったく別のものが健康にいいと話題になっています。

それは何だと思いますか？　意外にも人との「つながり」だそうです。**孤独になると、健康に悪影響を及ぼす**との研究結果がイギリスで発表され、イギリス政府は２０１８年１月、「孤独担当大臣」まで任命しました。この孤独のリスクは、①1日たばこ15本吸うこ

50代♀ 小学生の頃ソナチネでやめてしまったが、死ぬまでにショパンが弾いてみたくて（ピアノ）

とに匹敵、②アルコール依存症であることに匹敵、③運動をしないことよりも高い、④肥満の2倍高いのだそうです。しかも世界一孤独なのは、なんと日本人男性！だとか[*4]。

確かに定年後に社会とのつながりが切れやすい男性は、地域に溶け込めず、家に引きこもり、パソコンや昼寝、お酒が友達になりがちです。その点、定期的に音楽教室に通い、先生や講師に練習の成果を聴いてもらったり親身な指導を受けることで、私たちは先生や講師と〝つながり〟を持つことができます。また教室通いを通じて仲間ができれば、さらに大きな〝つながり〟になります。

特に長く仕事中心の生活を送ってきたサラリーマン諸氏は、定年後の日中、自分の居場所がないと感じることが多いようです。家族にとっても、今まで自宅にいなかった人に居候されている気分かもしれません。音楽教室は、そんなあなたに大切な〝居場所〟をも提供してくれます。

人生100年時代を迎えるにあたって、私自身への戒めも込めて、**〝つながり〟と〝居場所〟の確保が大切であること、音楽教室はその両方をもたらしてくれる場所**であることを強調しておきたいと思います。

なお、孤独と健康の関係について、私はあるテレビ番組を見て知ったのですが、その話をされていた高名な大学教授にエビデンスの提供をお願いしたところ、断られてしまいま

40代♀ 発表会に憧れて。ずっと演奏家のようなドレスを着てみたいと思っていた（フルート）

した。さらなる研究が進み、大々的にエビデンスが公表されるようになるといいですね。

以上、音楽それ自体の魅力、ビジネスや他の学びとのシナジー、運動以上の健康効果の3つの観点から音楽を習う魅力について考えてみました。これだけすごいメリットがあるのですから、音楽って、最強の習い事！と言っても過言ではないでしょう。

コラム

人生100年時代の〝最強の趣味〟決定戦！

人生100年。我々が長くイキイキと生きていくには、生きがいや生きる楽しみが欠かせない時代となりました。その意味で、趣味や習い事は非常に大切です。とはいえ趣味は主なものだけでも次ページ表4のようにたくさんあり、先ほど私は音楽が最強の習い事だと書きましたが、〇〇もあるぞ！と思った方もいたはずです。

そこで、人生100年時代の老後にとって重要と考えられる価値を念頭に、本当に音楽が習い事として最強の趣味となりうるのか、検証してみたいと思います。

まず高齢になった時を想像してみましょう。何に価値を感じるのでしょうか？　次の3

↗まだまだ下手だが時々ドラムのある飲み屋で腕を披露しあっている（ピアノ＆ドラム）

点に集約される気がします。

❖健康で安全に過ごしたい
❖あり余る時間をできる限り楽しみたい／充実感を持ちたい
❖長生きに備えておカネはあまり掛けたくない

もう一段ブレークダウンすると、次のような感じでしょうか。

①楽しい（娯楽的要素がある）
②健康によくて危険性が低い
③天候に左右されない
④習いやすさ、通いやすさなど、その趣味へのアクセスが容易
⑤１人でも、グループでも性別年齢に関係なく行え、人と共有もできる
⑥空き時間に気楽に、短時間でも

《表４》 主な趣味一覧

	主な趣味
運動系	ゴルフ、テニス、サッカー、野球、ラグビー、スキー、スケート、スノボ、バレエ、ダンス、日本舞踊、ジョギング、スキューバダイビング、筋トレ（ジム通い）、水泳、ヨガ、剣道、卓球、ボーリング、ゲートボール、スポーツ観戦など
アウトドア系	ウォーキング、旅行、神社巡り（他、温泉巡り、など）、釣り、ドライブ、バイク、自転車、山登り、家庭菜園、園芸、バードウォッチング、DIY、BBQなど
知的系	読書、舞台鑑賞、映画鑑賞、美術鑑賞、音楽鑑賞、楽器・声楽演奏、絵画、陶芸、工芸、囲碁、将棋、カメラ、英会話、俳句、短歌、川柳、書道、茶道、謡、詩吟など
ギャンブル系	麻雀、パチンコ、競輪、競馬、競艇、オートレースなど
その他	ゲーム、手芸、料理、グルメ（酒、食べ歩き）、SNS、カラオケ、華道・フラワーアレンジメント、プラモデル、コレクション、オーディオ、トランプ、パズル、落語、鉄道、銭湯通い、ボランティアなど

40代♂ 趣味がほしいと思いピアノを習っていたが、ストレス発散のためドラムも習い始めたら面白いので元同僚にも勧め、それぞれ通っている。↗

長時間でもできる
⑦タスク達成感がある
⑧高額の出費を強いられない

これを表4のさまざまな趣味に当てはめて考えてみましょう。

まず運動系ですが、健康にはよさそうなものの、ケガが付き物です。また、中高年になると、スポーツによる突然死も気になります。81ページ表3はゴルフ好きの中高年男性にはショックな表かもしれませんね。残念ながら運動系で毎日できて安全というと、ヨガくらいしか残りません（ゴルフファンの多くの中高年男性のみなさん、ゴメンナサイ！）。

アウトドア系では、自転車、山登り以外は適度な運動になり、安全そうです。ただ、「③天候に左右されない」があてはまらないので何も残らない。残念！

次に知的系ですが、こちらは「②健康によくて危険性が低い」の「危険性」は低いものの、「健康にいい」で多くが脱落します。残るのは、カメラ、楽器・声楽演奏、謡《うたい》、詩吟あたりでしょうか。意外に思われるかもしれませんが、謡、詩吟は結構声を出すので健康にいいそうです。ただ、教室の数が少なく、世代の偏りも大きいため、〝最強〟と言うには難ありです。

ギャンブル系は、「ギャンブル依存症」という言葉もありますので、ここではご遠慮願いましょう。

30代♀ アマオケの仲間とクラシック以外の曲を合奏したくて（ケンハモ）

最後がその他です。こちらも「健康にいい」で、カラオケくらいしか残りません。ボランティアはというと、「スーパーボランティア」と呼ばれる人もいますが、普通の人は毎日では疲れてしまいそうですし、娯楽性も高くありません。残ったカラオケは、1人カラオケでは「つながり」を持てませんし、そうなると同好の士を集める手間がかかります。

ここにも〝最強〟と言える趣味はなさそうです。

以上から人生100年時代の〝最強の趣味〟は、ヨガ、カメラ、楽器・声楽演奏の3つに絞られます。

そして、この3つを比較すると、カメラは習う教室が少ない点で、ヨガは今のところ若い女性中心のジェンダー性で、見劣りがします。

以上より、多少（かなり？）私の主観が入ってはいるものの、人生100年〝最強の趣味〟は、楽器・声楽演奏に決定！

人生はまだまだこれから。趣味のひとつに「音楽」を加えて損はなし。さあ、あなたも音楽教室通い、始めませんか？

＊1：「開成中では全員がピアノを弾いている！」（ピティナHP）より。
＊2：『マネジメント［エッセンシャル版］』（ピーター・ドラッカー著／ダイヤモンド社刊）より。
＊3：「ザ・ファクトブック2012」（損保ジャパン総合研究所訳／米国保険情報協会）より。
＊4：『世界一孤独な日本のオジサン』（岡本純子著／KADOKAWA刊）より。

40代♂　ピアノを習っている息子といつかデュオしたいと思い、しまいこんでいたフルートを再開（フルート）

第5章

あれもこれも
習いたい！
いろいろな楽器たち

▼習う楽器の選び方は人それぞれ

◆楽器選びの基本

「子どもの頃習っていたピアノにもう一度チャレンジしたい！」
「憧れだったフルートを吹いてみたい！」
「カッコいいから断然サックス！」

こんなふうに習いたい楽器が決まっている人は迷う必要ありません。ぜひそれを習ってください。大人の場合、基本は自分がやりたいものをやるのが一番。そのような人には、この楽器選びの項をより深く音楽に親しむための参考にしていただければと思います。

一方、やりたいものが決まっているわけではなく、次のような感じでなんとなく音楽に興味を持っている、という人もいるかもしれませんね。

①何か楽器ができたら楽しいだろうな
②老後（または定年後）の楽しみに何がいいかな？
③楽器ができたらモテるかも

40代♂　ミスチルが大好きで、特に桜井さんのファン。弾き語りがカッコいいので影響された（ギター）

④夫婦（あるいは親子など）２人で習えるものはない？
⑤習いたいけど、楽器にあまりおカネをかけたくない

最初の①、②の場合は、どの楽器でも楽しいと思います。後でお伝えする流れで教室を探し、体験レッスンに行ってみましょう。ちなみに、ピアノやヴァイオリンは小さい頃から習わないと無理、と思い込んでいる人も多いと思いますが、例えばヤマハの「大人のピアノはじめてコース」受講生の半数以上は60歳以上です。**「楽器は子どもの頃から習うもの」という常識は、すでに過去のもの**となっています。

③の場合は、前出のにらさわさん曰く「音楽をやっている人は、モテる」そうなので、どれを選んでもいいと思いますが、男性だったら、手や指に自信がある人はそれを見せる楽器がいいかもしれません。サックスとかチェロとか。そういえば、前出の村田院長は楽器を習いたくて、何を習おうかずっと迷っていて、元外資系ＣＡの奥様は「断然チェロ！」と言ってましたっけ。やはり、カッコよく見えるのだそうです。

④の場合は、２人で相談するのが一番ですね。自分に楽器選びへの強いこだわりがなければ、相手の希望を優先するのが円満の秘訣かもしれません。もちろん別々の楽器を選んでアンサンブルを楽しむ、というのもありです。ただ、同じ楽器の方が、どこが難しいとか、ここをうまく吹くにはこうしたらいい、などと話は弾みやすいようです。

30代♂
昔習っていたピアノを友人の結婚式で弾くことに。
練習のため会社帰りに通い始めた（ピアノ）

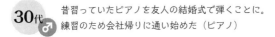

⑤の場合、歌なら楽器代なし。意外ですが、ドラムも楽器を買う人は少数派で、スティック代（1000円前後～）のみで始められます。あとは予算にもよりますが、ウクレレ、リコーダー、オカリナ、ケーナ、ハーモニカなどなら、だいたい数千円～。2、3万円まで予算があれば、ギター、ケンハモ、大正琴、三線なども範疇に入ると思います。

島村楽器で販売しているウクレレ「初心者セット」（テキスト、チューナー付。スタンドは付属せず）は、1万円以下でも購入可能。※セット金額によってウクレレ本体は異なる

◆性格と楽器の相性

音楽教室の先生やオーケストラ、音楽大学関係者とこの話をすると盛り上がるのですが、面白いことに、**専攻する楽器ごとにある程度性格が分かれるとの説がある**ようです。ご自身はどのタイプに属するか、考えながらお読みいただければと思います。

まず総じて、木管楽器は繊細でこまやか、金管楽器は華やかで賑やかな印象です。フル

↗ 購入を機に習い始めた（チェンバロ）

ート、クラリネット、オーボエ、トランペット、トロンボーンなどはその傾向がくっきりと現れている一方、サックスはジャズやロックなどで使われることが多いためか、金管楽器に近く、ホルンは金管でも少し木管に近い性格の人が多いとか。また、初心者の中高年男性でフルートをやりたがる人は、たいていクラシックファン。メカ好きは、作りが複雑なオーボエに惹かれるようです。

ヴォーカルは人前に出たがる目立ちたがり屋さんが多い一方、ピアノは独奏が多いことから、自己完結性が高く、孤独が苦にならない傾向が見られます。誰もが楽しめる全方位型ではありますが、コツコツ型、マイペース型、人に気を使いたくない人には特に向いてるかもしれません。ギターは、何かと人に聴かせたがる傾向が強いとか。そう言われてみると、私の複数の友人も演奏をよくフェイスブック

《表５》男女別、性格タイプ別オススメの楽器　※教室が少ない楽器は除く

	人気楽器志向型	個性重視型	出会い重視型	楽器代重視型
男性♂	ギター、サックス、ドラム、ピアノ、チェロ、トランペット	ヴォーカル、トロンボーン、クラリネット	ヴァイオリン、フルート、ヴォーカル、ピアノ	ケンハモ、ウクレレ、リコーダー、オカリナ、ハーモニカ、ケーナ、大正琴
女性♀	ピアノ、ヴァイオリン、フルート、ヴォーカル、チェロ	ギター（特にエレキ系）、トランペット、トロンボーン、クラリネット	ギター、サックス、ドラム、ピアノ	

30代♀　音大ではピアノ専攻で現在音楽教室の講師。学生時代からずっと気になっていたチェンバロを試奏したら響きの違いに感動。↗

などにアップしているので、思わずうなずいてしまいました。

また第2章「当世人気楽器事情」で見たように、男女によって好みの楽器に違いがあります。取材をもとに前ページ表5に男女別、性格タイプ別オススメ楽器をまとめてみました。当たっているところもあれば、的外れなところもあるかもしれません。そんなものかなぁ、とあまり神経質にならずにお受け止めいただき、ご自身で選ぶ際の参考にしていただければと思います。

◆楽器選びの留意点

楽器選びについて、習い始める動機や相性についてはお話ししたとおりですが、そのほかに気を付けていただきたい点が3つあります。

1つめは**場所の問題**です。楽器には持ち運びが便利なものとそうでないもの、楽器不可のマンションでもできる楽器とそうでない楽器などがあります。そのため自宅の環境や練習場所の確保の容易さも検討要素のひとつです。とはいえ110ページでご説明しますが、最近は消音・減音できる楽器などが豊富に揃い、一般の楽器の減音機能も充実してきていますので、この問題は大きな問題ではなくなりつつあります。また、最近ではピアノやドラムなどが設置されたスタジオや、ピアノ付きのカラオケルームまでありますから、

30代♂ ユーチューブで演奏見ていたら自分にもできる気がして（ギター）

〝楽器を持たずに習う〟という傾向もさらに強まりそうです。

２つめは、習い始めるときのことばかりではなく、その後**どのような楽器ライフを送りたいか**も考えておくといいということです。特にゆくゆくはバンドを組んだり、アマオケに入りたい、と思っている人には気を付けていただきたい点です。

例えば、ジャズを習ってビッグバンドで演奏したい、という場合。ビッグバンドの標準的な編成はサックス5、トランペット4、トロンボーン4、ベース、ピアノ、ドラム、アコースティックギター各1という編成になっています。ヤマハ受講生のトランペットやトロンボーンの割合は全体のそれぞれ2・8％と0・8％。サックス、ドラムの13・1％、8・4％に比べればかなりの希少価値です。オーケストラやブラスバンドなどの市民団体でも必要なの

ジャズのビッグバンド・レッスンは、男性に人気（撮影協力：荒川さくら Swing）

70代以上 ♀　かつて、娘のレッスンについて音楽教室通いをしていた。その頃は子育てで忙しかったが「いつか自分も」と思っていた（ピアノ）

で、こうしたメンバーに加わるには有利そうです。

また合唱は、たいてい男声パートがメンバー不足のため、男性には他の団体からの応援要請がひっきりなし、ということがしばしば見受けられます。グループでの演奏をお考えの方は、メンバーに選ばれやすいのはどれか、という視点も持つといいかもしれません。

3つめは、**身体の特徴**についてです。あるトランペット講師から聞いた話ですが、ごく稀に歯並びや唇の厚さなど口周りの生まれつきの特徴から、その楽器が合わないこともあるそうです。ご自分の体と楽器のサイズとのバランスや、唇などの形状が気になる人は、遠慮せずに講師に相談するといいでしょう。

▼楽器はいくらするの？　安く手に入れる方法は？

◆楽器は決して高くない

私たちの心の中に、〝楽器は高いもの〟との刷り込みがあることも、楽器を始める際の心理的な大きな壁になっているようです。

テレビなどで、有名ヴァイオリニストのヴァイオリンが1台10億円以上とか、スタイン

50代♂　高校でバンドを組んでギターを弾いていたが独学だった。会社を辞めて独立し、時間ができたので基礎から習ってみたいと思った（ギター）

ウェイのピアノは最低でも1000万円以上する、などと聞けば〝楽器は高いもの〟と思うのも致し方ないことです。しかし、それはあくまでプロや、素人でもかなりレベルの高い人、マニアックな人が使う楽器の話で、**実際には案外手の届きやすい値段で、本格的な演奏を楽しむことができます**。

一方、「おカネをかけずに自分の楽器が欲しい」という人には、この後106ページでご紹介する「お気楽5兄弟」楽器もオススメです。いずれも学校教材用であれば数千円程度、1、2万円出せばかなりいい楽器が買えます。ご参考に、手軽さの指標として次ページの表6で楽器の重さと価格の目安をお示ししておきます。

◆工夫次第で楽器は安く手に入る

楽器を安く手に入れる手段としては、車のように、**中古品をうまく買い求める**ことも考えられます。楽器店でも扱っているお店は多いですし、ハードオフやトレジャーファクトリーなどの店舗、メルカリなどのフリマアプリからも買うことができます。

また、案外身近なところで楽器が手に入るチャンスも多いものです。私の場合、始めた当初は妹のピアノ、フルートは音大に通う従姉からのお下がりでしたし、取材でもそのような人がたくさんいました。

50代♀　結婚式をしなかったので、豪華ドレスを着たことがない。発表会で着ようと思った（ヴァイオリン）

《表6》主な楽器の重さと価格帯

	楽器名	重さ(kg)		価格の目安(円)
		楽器本体	ケース	
弦楽器	ヴァイオリン*	0.4〜0.5	0.8〜2.5	5〜200万
	ヴィオラ*	0.5〜0.7	1.5〜2.7	10〜250万
	チェロ*	3.5〜7.0	1.3〜5.5	10〜300万
	コントラバス*	10〜16	2〜3(布)	20〜400万
	ギター	1.5〜2.5	0.3〜3.5	1〜30万
	エレキギター	3.5 〜 4.5	0.6 〜 3.0	2 〜 30万
	エレキベース	4.0 〜 5.0	0.6 〜 3.0	2 〜 30万
木管楽器	フルート	0.5	0.9	5〜200万
	ピッコロ	0.3	0.3	5〜100万
	オーボエ	0.7	1.0	20〜100万
	クラリネット(B♭管)	0.8	1.3	5〜100万
	ファゴット	4.0	3.7	30〜200万
	サクソフォン(Alt〜Ten)	2.4〜3.4	3.3〜4.8	10〜100万
	(Bar)	6.0	4.2〜8.0	40〜130万
金管楽器	ホルン(フルダブル)	2.5	4.2	20〜100万
	トランペット(B♭ピストン)	1.2	3.4	2〜50万
	トロンボーン(F管付)	1.8	3.5	5〜70万
	ユーフォニアム	4.7	5.0	30〜100万
	チューバ(B♭管)	11.5	12.2	30〜200万
鍵盤楽器	グランドピアノ	300〜400	—	115〜350万
	アップライトピアノ	250〜280	—	40〜132万
	電子グランドピアノ	85〜190	—	5〜50万
	電子アップライトピアノ	20〜40	—	10〜50万
打楽器	ドラム・セット	15〜35	—	5〜80万

＊注:弓代も考慮する必要あり

※メーカー、楽器店、専門家等へのヒアリングにより独自に作成。管楽器の重さは唄口込み

70代以上♂ クラシック好きだったが楽器は習ったことはなかった。健康によいと聞きフルートを始めた(フルート)

とはいえ楽器を習うのだから、「自分で気に入った楽器を選んで買ってみたい」というのも人情です。新品楽器は20～30万するものが多く、確かに高額といえば高額です。でも本当にそうでしょうか？

例えば私が現在使っている楽器は、電子ピアノが約30万、フルートが20万くらいです。初期費用としてはかなりの痛手ですが、電子ピアノは25年以上使っているので、**これまでの楽器代は年間約1万2000円で、1カ月たった1000円だったことになります。**フルートは10年ほど前に買いましたが、まだまだ使えそうです。このように楽器は、購入時の絶対額では高く感じるかもしれませんが、買ってからの使用期間を考えると、そう高いものではないことがおわかりいただけると思います。**本格的な楽器なら、それこそ親子、孫と2代、3代にわたって使うことだってできます。**

楽器店によっては一定金額以上の楽器であれば、24回とか36回払いで金利ゼロなどという頼もしいショッピングクレジットもありますから、一度に大金で支払わず、月々負担していく手もあります。

60代♂　学生時代の習い直し（ギター）

このように考えていくと、ゴルフ好きのサラリーマンに例えれば、ゴルフ年1回分で楽器が買え、会社帰りの居酒屋通い月2、3回をレッスン日に振り替えれば、出費を増やさず音楽教室に通えるイメージです。**楽器って、そんな手頃な趣味**なのです。

▼お手軽、ニューフェース…楽器あれこれ

次に楽器を選ぶ際、みなさんが気になることといえば、お手軽な楽器、簡単な楽器ってあるの?ということだと思います。続々登場しているニューフェースの楽器、減・消音楽器などと併せてご紹介します。

◆お手軽な楽器、簡単な楽器

まず簡単な楽器ですが、どの楽器もプロになるのは非常〜に難しいのはご承知のとおり。そこであくまで初心者が音を出しやすい、入口でつまずきにくい、という切り口で楽器に詳しい方にうかがってみました。

すると、**楽器の値段が安く、すぐ音が出て始めやすい「お手軽5兄弟」**とも言える楽器があることがわかりました。ケンハモ、ウクレレ、リコーダー、オカリナ、ハーモニカの

↗それとは関係なく音楽に目覚めピアノを習い始めた(ピアノ)

5つです。すでにお話ししたようにケンハモは最近人気ですし、ウクレレも力を入れている音楽教室が増えています。

さらに、オーケストラやブラスバンドで使われる**本格的な楽器のなかで始めやすいのは何かを聞いてみると、まるで口を揃えたかのように「サックス！」という声が上がる**ではありませんか！　これはブラスバンド経験者の中では、いわば〝常識〟となっているようですが、早ければ、楽器を持ったその日のうちに何かしら音が出るようです。また、ドラムも叩けば音が出ますし、音階もなく、先ほどお伝えしたようにスティックだけで始められますので、初心者にはハードルが低いと言えそうです。

クラリネットはサックスと同じリード楽器ですが、サックスよりは音が出にくいとのこと。リードが2枚あるオーボエやファゴットはさらにその上で、中でもオーボエはギネスブックで「一番難しい木管楽器」に認定された楽器ですが、その分、愛着が増すようで

40代♂　社内の気になる人の発表会に招かれ初めて間近でフルートの生演奏を聴く。後日その人には彼氏がいることが判明したが、↗

す。

なおギターも弦楽器ですが、こちらは弓がなく持ち方も比較的簡単なので、同じ弦楽器でもそれほど難度は高くない、とのことでした。もっとも私も中学生の時に経験しましたが、ギターには「Ｆコードの壁」が立ちはだかります。人差し指ですべての弦を押さえたうえで、中指、薬指、小指でも弦を押さえるので、ここをどう乗り越えるかは最初の壁。またクラシック系の音楽を習っていた人の中には、コードを覚えるのが苦手、という人もいるかもしれませんね。

金管楽器ではトランペットが一番音を出しやすいようです。楽器の構造も単純で手入れも楽だとか。逆に難しいのはホルンで、その難しさはオーボエと並びギネスブックに掲載されたほどです。トロンボーンはその中間でしょうか。

◆ニューフェースの楽器

新しい楽器も登場しています。**代表的なのが電子管楽器**です。電子管楽器はメーカーなどによって、「エアロフォン」、「ウィンドシンセ」、「ウィンド・インストルメント・コントローラー」などさまざまな呼び名で呼ばれていて、サックスの音色を基本としながらフルートやクラリネット、オーボエなどの木管楽器、トランペットやホルンなどの金管楽

↗帰国後、音楽教室を友人に紹介してもらい習い始めた（ピアノ）

器、ヴァイオリンやチェロなどの弦楽器、さらにオルガンなど吹奏楽器や弦楽器以外の音色まで出せます。また、管楽器に比べ比較的簡単に上達できる点も、広く受け入れられているポイントです。

次が**カジュアル楽器**。プラスチックなどの樹脂製でカラフルなトランペットやトロンボーン、フルートやクラリネット、チューバのような大きな楽器まで、さまざまな楽器が売り出されています。いずれも本物より軽量で、値段も手頃なことが人気の秘密のようです。中でもソプラノサックスのマウスピースを使用した新しい管楽器の「ヴェノーヴァ」は、２０１７年度グッドデザイン大賞を受賞し、洒落た外見と持ち運びの手軽さ、リコーダーの指使いに近い演奏のしやすさで大人気となっています。

ヤマハ製「ヴェノーヴァ」

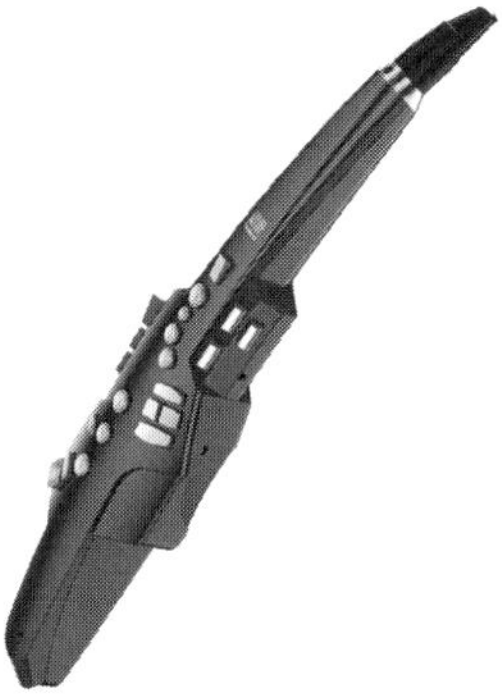
ローランド製「エアロフォン」

60代♀　夫の海外転勤に伴いフランスに移住。たまたま引っ越し先の家にピアノが置いてあり、暇つぶしに弾いていたらはまり、独学。↗

◆減・消音できる楽器など

外に音が出ないよう気を配る必要がある人には嬉しい味方です。年々進化をとげている電子ピアノ以外にも、消音機能の付いたピアノや音量を抑えて練習できる弦楽器、ドラムなどの減音楽器、金管楽器の減音装置などさまざまなものが開発されています。自宅で歌う際に減音効果がある「UTAET（ウタエット）」やサイレンサーのついたハーモニカも登場！　**音を気にせずに楽器演奏できる環境が、かなり整ってきました。**ただ木管楽器だけはサイレント化が難しいようで、今後の開発に期待したいところです。

◆マイナー楽器の楽しみ方

最後にマイナー（？）な楽器でも十分楽しめるエ

声の大きさを約1/3に減音できる
「UTAET PRO」（島村楽器限定モデル）

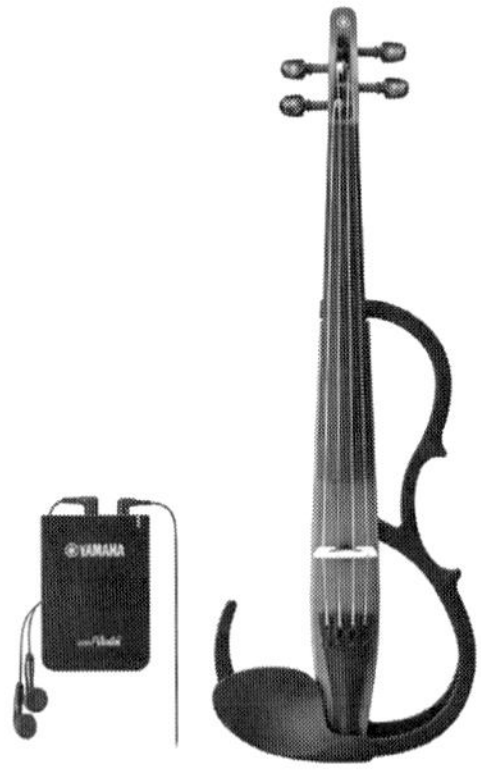

ヤマハ製サイレント™シリーズ
「サイレントバイオリン™」

40代♀　昔から楽器には憧れがあり、見た目のカッコよさからサックスを選んだ（サックス）

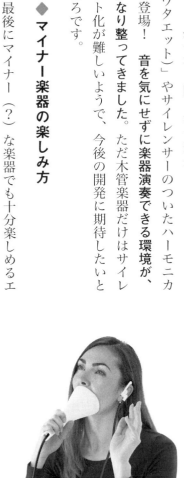

ピソードを2つご紹介しておきます。

まずは、先ほど「お手軽5兄弟」としてもご紹介したリコーダー。実はバロック音楽では欠かせない楽器です。写真のように、私も時々音大職員同士でアンサンブルを楽しんでいます。リコーダーアンサンブルは、音の響き合いがとても魅力的。**学校で習っていたこともあり、手軽に習える**のではないでしょうか。

次に大正琴。現在81歳の女性Iさんは定年退職後、時間を持て余して当時ブームだった大正琴を始めたところものの見事にはまり、みるみる上達。講師として教えたり、全国各地、そしてモンゴル、カナダ、中国まで行って演奏されたとか。現在は回数こそ減ったものの、それでも時にはお仲間と演奏旅行をされているとのことです。**定年後のチャレンジでも、やり方次第では講師にまでなれる**と思うと、夢は広がりますね。

リコーダーは、学校で習うソプラノやアルトのほかにも、少し値は張りますがテナーやバスリコーダーもあり、フルートなどとのアンサンブルにも適しています

40代♂　気分転換にいいと思った（ドラム）

第6章

いざ、音楽教室へ

▼独習VS習う

◆変なクセはなかなか直らない！

少しお手軽楽器の話を長くしたため、「自分は独学で十分」と思った人もいるかもしれませんね。でも独習は、私自身の体験からあまりオススメとは言えません。

私の場合、中学時代から始めたフルートは音大に通う従姉に習っていましたが、その後に始めたピアノは独習です。最近はピアノ教室の先生との交流も増え、レッスンしていただくことも多いのですが、必ず言われるのは「その弾き方でよく弾けますねぇ」ということ。指摘された変なクセを直そうと試みますが、なかなか直るものではありません。

始めた当初は楽譜が読めるので、指使いに従って自分でどんどん先に進んでいきました。バイエルも半年くらいで卒業（？）した覚えがあります。弾けるのが面白くて、その後も独学でやっていきました。しかしやがてそれ以上上達することが難しくなり、目標を見失う形でつまらなくなって、ピアノから遠ざかってしまいました。

一方、フルートは習っていた期間が長いせいか、ちょっとした演奏会に出ようと練習す

30代♂ 楽器が吹けることを自慢したくなった（トランペット）

ると、結構すぐ吹けるようになります。**やはり楽器は、基本が大切だなぁ、というのが偽らざる実感**です。また、1人でやっていると、私のように目標を見失ったり、あるいは壁にぶち当たったりして途中で挫折しがちのようです。

◆目標を見失わないためにも、習いましょう

その点、**習っていると、目標を共有してくれる先生や仲間がいるため、長続きしやすい**と言われています。何か壁にぶち当たった時に、励まし合ったり、先生から適切なアドバイスが受けられるのも大きなメリットです。習う側からすると、何につまずいているのか、さっぱりわからないことが多いのですが、教えている側から見ると、**つまずくポイントはだいたい決まっている**のだとか。同じような指導を何人にもしてきているため、うまく解決してくれます。お医者さんと同じようなものですね。

3、4年習って上達した後は、楽しみ方がさらに広がります。アンサンブルのコースに通うのもいいですし、バンドや市民オケやブラスなどに入ってもいいでしょう。

なお、ジャズのビッグバンドやアマチュアのオーケストラ、ブラスバンド、合唱団などの市民団体はたくさんあります。公式な加盟団体だけ見てみても、日本アマチュアオーケストラ連盟加盟団体141（2010年時点）、全日本吹奏楽連盟加盟「職場・一般」団体

40代♀ チラシを見て無料体験レッスンがあることを知り参加したら面白かった（ヴォイトレ）

1712（2017年10月時点）、合唱に至っては全日本合唱連盟関東支部（東京以外の関東6県と新潟・山梨・静岡）だけで、おかあさんコーラス439、職場・一般369（2018年時点）にものぼります。組織に属さない団体もあるでしょうからものすごい数で、**日本は「世界一のアマチュア音楽大国」**とも言われています。

これらはある程度演奏技術があることを前提に、年1～数回の演奏活動を行うことが大きな目標になっています。音楽教室で腕を磨いた後、多くの仲間を求めたり、重層的な響きを追及したい場合には、このような団体に入るのもひとつです。また、このような活動をしながら、音楽教室に通い続けている人も大勢います。

◆1人では得られない数々のメリット

また楽器を習うことによって、練習方法やメンテナンス方法、楽器仲間の集まり、最新の楽器情報など、**独学では決して得られない、さまざまな情報も得られます。**

サックスなどは、リード、マウスピース、ストラップなどのセッティングが大変で、独学はオススメできないとの声が多くありました。ドラムやヴァイオリンなどの弦楽器も体験しましたが、自分でドラムセットに座っても、何をしていいのかわかりませんし、弦楽器も初心者1人できちんと構えて安定した音を出すのはかなり難しいと感じました。ここ

40代♂
若い頃ロックバンドを組んでプロを目指していたこともあったが就職して自然に解散。その頃は独学だったので、改めて習い始めた（ドラム）

は講師の手を借りるのが得策です。

また第４章で触れたように、私のような日本のオジサンは「世界一孤独」で、それが原因で健康を害する恐れすらあります。習うことで、**〝おひとり様〟が好きな人にも、講師との「つながり」ができますから、孤独回避にはうってつけ**です。

▼発表会・コンクールも多様化

目標、という意味では「発表会に出る」、さらに腕に覚えがある人は、「コンクールにチャレンジする」というのがとても効果的です。日にちが決まっているので、やりがいや上達に直結します。

とはいえ、音楽教室の講師の方にお話をうかがうと「絶対に出たくない！」という人も結構いるそうで、**発表会へは自由参加**。参加率はだいたい50％前後とか。ヤマハのアンケート調査でも、レッスン会場（楽器店など）が主催する発表会やイベントへの参加率は、男性55％、女性57％で、ここは男女の差異はないようです。

参加するかどうかはご本人次第として、教室によってさまざまな取り組みが行われています。

30代♀　朝活で声を出すと気持ちよく仕事に向かえると思った（声楽）

例えば会場。地域の公民館や文化センターの場合もあれば、**ブルーノート東京やヤマハ銀座ホール、中にはサントリーホールや東京芸術劇場で開催する教室もあります**。その舞台作りもさまざまで、中にはまるで学園祭、というものもあるようです。

習う側にも発表会で「孫と連弾したい」、「綺麗なドレスを着たい」などさまざまな思いがあり、それを実現させる場にもなっています。個人レッスン・コースの人が、発表会ではお揃いのTシャツを作って即席のバンドを組み、ノリノリで参加する場合もあるとか。

なお、大人対象のコンクールはヤマハでは開催されていないものの、島村楽器ではピアノ、声楽、弦楽器、木管フルート楽器、木管リード楽器、金管楽器、作曲の各部門別に毎年開催しています。その他にも前出のピティナ・ピアノコンペティション（グランミューズ部門）やブルグミュラーレベルから参加できる「大人のためのアマチュア・ピアノコンクール」、楽器店主催のコンクールなどさまざまなものがあります。本格的なものからお気軽なものまでたくさんあるので、教室の先生に聞いてみるとよいでしょう。

また、コンクールではありませんが、ピティナの「ステップ」では公開のステージで演奏し、専門のアドバイザーから手書きの講評をいただくことができます。最近はピアノ以外の楽器とのアンサンブルも盛んで、全国47都道府県すべてに合計600以上の会場があるのも大きな特徴です。

50代 ♂　学生時代の習い直し。昔はポップス、ロック、ブルースだったが今はジャズ（ギター）

ヤマノミュージックサロンのブルーノート東京や東京芸術劇場での豪華な発表会

ピティナ・ピアノステップでは、ピアノのみではなく、さまざまな楽器とのアンサンブルでの参加も可能

40代 ♀ 小学生の娘が合奏部に入りクラリネット担当に。一緒に音楽教室に通うことにしたため、自分は昔習っていたピアノを再開した（ピアノ）

教室選びの基本——レッスン・システムを知ろう

習うことを決め、楽器が決まったら、次はどこの教室で習うか、ですね。予約の仕方やレッスン形態など、音楽教室によってシステムが異なる場合がありますので、それらを頭に入れたうえで、**自分のライフスタイルに合った教室を選ぶことが大切**です。

◆レッスンの予約方法(曜日時間固定制/予約制)

レッスンの予約方法には、レッスンの曜日・時間が決まっている教室と、レッスンが終わった後に講師と相談し、次回のレッスン日時を決める予約制の教室があります。空いている時間帯が決まっている方は曜日時間固定でいいと思いますが、出張が多い、勤務形態が不規則、といった場合は予約制がオススメです。なお、予約制でキャンセルした場合、別な日に「振替レッスン」をしてくれる教室とそうでない教室があります。

◆レッスン形態(個人レッスン/グループレッスン)

レッスンには、大きく分けて個人レッスンとグループレッスンがあります。大きめの教

30代♀ 呼吸を深くして健康になりたい(声楽)

室は、たいてい両方のコースが用意されていて自分の好みで選べますが、個人経営の教室では個人レッスンが中心です。

【個人レッスン】

講師とマンツーマンで行うレッスン。講師を独り占めしますので、レッスン代はグループレッスンに比べて高めです。習う曲などはヤマハのように独自教材で曲を用意し、その進行に応じて好みの曲に取り組む教室もありますが、一般的には指定の教材はなく、講師と相談しながら選曲する教室が多いようです。レッスン時間は30分、40分、60分などがあります。レッスン料を比較する場合はレッスン時間を考慮して比較してみてください。

【グループレッスン】

だいたい3〜7人くらいが同じ時間帯に同じ教室で講師に習うレッスンです。出会いや仲間を求めている人にはオススメのコースと言えます。個人レッスンに比べ、複数で習う分、料金が安いのも大きな魅力。

とはいえレッスン費用の絶対値は低いものの、講師が自分に使ってくれる時間ベースでは割高になる場合が多いです。その分、家でしっかり練習しておくなどの工夫をしておくと、自分に順番が回ってきたときに指導時間を有効に活用できます。また、一緒に習うレッスン生全員が同じ演奏レベルであれば問題ないのですが、自分より周りが上手過ぎた

50代♀　ピアノ教室を開いているが、最近、問い合わせが増えたので。発表会での合奏も楽しそう（鍵盤ハーモニカ）

り、逆に下手過ぎたりするとストレスになることもあります。

このように**個人、グループそれぞれにメリット、デメリットがあります**。表7にまとめましたので、見比べて、自分に合ったレッスンを選んでいただければと思います。

なお、グループレッスンの組み合わせは、なるべく同じ世代で習えるよう配慮している教室が多いようですが、申し込み状況によっては、どうしてもそうならない場合もあるとか。とはいえ、人によっては若い人と一緒のほうが楽しいという人もいます。先生側から見ても、生徒は「ワイガヤ派」と「おひとり様派」に分かれるそうです。自分はどちらか、予め考えておくと個人レッスンかグループレッスンかを決めやすいかもしれません。

◆レッスンの演奏形態（ソロ／アンサンブル／大グループ）

《表7》個人レッスン、グループレッスンのメリット、デメリット

	メリット	デメリット
個人レッスン	・密度の濃い、きめ細かいレッスンで早い上達が期待できる ・講師が自分に割いてくれる時間ベースの料金では割安	・レッスン料の絶対額が高め ・講師との相性の良し悪しによる影響が大きい
グループレッスン	・レッスン料の絶対額が安め ・仲間作りに最適で、うまく競い合えれば、早く上達できる	・仲間とレベルや相性が合わないとストレスになる ・講師が自分に割いてくれる時間ベースの料金では割高

↗ バンド熱が再燃していたところ、教室のチラシを見て即、体験レッスンを申し込んだ（バンド）

レッスンには演奏形態の違いもあります。ソロレッスン、アンサンブルレッスン、大グループでのレッスンの3種類です。

【ソロレッスン】

1人で演奏することを前提としたレッスンで、最も基本的な形態です。以下で説明するアンサンブル、大グループ以外の個人レッスン、グループレッスンは、ソロレッスンになります。

【アンサンブルレッスン】

フルートなど同じ楽器で複数のパートに分かれたり、何種類かの楽器を組み合わせたりして、アンサンブル（合奏）を行うレッスン。室内楽やバンドなどもこれに属します。演奏技術の向上よりは、すでにある程度演奏能力を身に付けた人が集まって曲を仕上げるのが目的です。アンサンブルの魅力は、何といっても1人では味わえない重層的な音の響きを感じることができること。また、人によって異なる旋律を担当しますので、音がうまく響き合ったり、絶妙のタイミングで連携し合えたりしたときは喜びもひとしおです。ソロレッスンで腕を上げたら、ぜひチャレンジしてみてはいかがでしょう。

【大グループでのレッスン】

ゴスペルのように多くの人数で行うレッスンです。ヤマハの「青春ポップス」は大人気

40代♂ 大学時代のバンド仲間と飲み会で「またやろう！」と盛り上がったがなかなか時間が合わず実現ならず。↗

で、この代表例と言えます。月2回90分レッスンでわずか3500円。ミドル・シニア中心で楽譜も使わないため、楽譜の読めない人も気楽に参加できます。

◆習える音楽ジャンル

どんな音楽ジャンルを習えるか、も大切なポイントです。同じピアノ教室でも、講師によって得意分野が異なり、クラシックやジャズ専門という教室から複数のジャンルOKの教室までさまざまです。大きな教室になると、同じピアノでも初心者向け、中・上級者向け、ポピュラー、ジャズなどのコースが用意されています。

またカルチャーセンターにも、さまざまな楽器を習える教室があります。例えば私の住まいの近くにある「ひばりが丘カルチャーセンター」（東京都西東京市）には、ピアノ、ヴァイオリン、フルートなどのコースの他に、ウクレレ、マンドリン、オカリナ、ハーモニカ、二胡、三線のコースがありました。歌も「夜のカラオケ」、シャンソン、ゴスペル、カンツォーネ、ヴォイトレなどビックリするくらい充実したラインナップです。

個人教室も同様です。古楽器や和楽器、ハワイアン、沖縄など各地の民謡、シャンソン、歌謡曲……**今まで〝聴くもの〟だとばかり思い込んでいた音楽が、意外にも身近で習えることがわかりました。**教室HPや地域（または駅名）と楽器を組み合わせて検索した

70代以上♂　大のクラシック・ファン。テレビの「ららら♪クラシック」で高橋克典が習っているのを見て弾いてみたくなった（チェロ）

り、近隣を歩き回ったりして、どのような教室があるか、調べてみるといいでしょう。

◆料金体系、月のレッスン回数

料金体系は、個人レッスン・グループレッスンの別、月または年のレッスン回数や1回のレッスン時間、コースレベル、楽器などによって違うほか、地域性や教室の人気度も影響します。レッスン料金の他に「入会金」、「施設利用料」、「教材費」などがかかる場合もあります。また「入会キャンペーン」など、割引を行っている場合もあるので、注意してチラシやHPなどを見ておくと、得することがあるかもしれません。

料金は「月謝制」が主流。支払い方法は、昔ながらの月

《表8》ヤマハ「大人のピアノコース」レッスン料

グループ／個人	レッスン時間／月回数	料金
グループレッスン	1回60分 月2回	初心者 4000円～ 初級者 5000円～ 中級者 6000円～ 中・上級者 7000円～
	1回60分 月3回	初心者 6500円～ 初級者 7500円～ 中級者 8500円～ 中・上級者 9500円～
個人レッスン	1回30分 月2回	初心者 5500円～ 初級者 6500円～ 中級者 7500円～ 中～上級者 8500円～
	1回30分 月3回	初心者 8000円～ 初級者 9500円～ 中級者 1万0500円～ 中～上級者 1万1500円

※教材費（税抜＝入会時に購入）;テキスト;2200円～
レパートリー;1800円～
※ 2018年11月時点。入会金、施設費は教室ごとに異なる

50代♀ 夫がサックスを購入したので夫婦で合奏することを目指して、ピアノを再開（ピアノ）

謝袋を利用している教室のほか、口座振替、クレジット払い、銀行振込の教室も。レッスン周期が不定期な予約制の教室を中心に「チケット制」を採用している教室もあります。代表例として、前ページ表8にヤマハの「大人のピアノコース」の料金を掲載しておきます。

なお1カ月のレッスン回数は、「月3回」が81%、「月2回」が17%。残り2%が月1回または月4回以上で、全体平均は2・8回となっています。1カ月の平均レッスン料は1万1000円で、意外にも7割の人が「(レッスン料は)小遣いとは別に出してもらっている」そうです。うらやましい!

以上が音楽教室のレッスン・システムの概要ですが、この他にも自宅に来てもらう出張レッスンや、都心では駅近くのスタジオを使用する教室もあり、スタジオの予約は講師がとってくれる場合と、自分で予約する場合があります。またレッスン予約の取り方も電話だけではなく、最近は都度ネットで予約する教室もあります。

▼さまざまな教室タイプや特徴

音楽教室のレッスン・システムが理解できたところで、いよいよ具体的な教室選びに入

↗弾けないままでは後悔すると思って習い始めた(ヴァイオリン)

っていくわけですが、教室には規模の大小のほか、さまざまな特徴を持った教室がありま す。地方ではその種類も限られますが、大都市では教室が多く、本当に迷ってしまいま す。そのような場合は、ご自身のお考えに合う教室選びを心掛けましょう。

例えば大人向け音楽教室として実績があってレッスン体系がシステム化されている教室をお考えの人には、大人向けの二大教室であるヤマハや島村楽器、あるいは山野楽器、宮地楽器、スガナミ楽器などの大手楽器店系の教室がオススメです。地域密着で展開している有力楽器店の音楽教室も数多くありますので、漏らさずチェックしましょう。なお楽器店の音楽教室では、ヤマハなど大手音楽教室と楽器店独自の教室を併設している場合が多く、コースも多彩。中には「有隣堂」のように書店の運営する音楽教室が独自の教室と大手教室を併設していて、しかも同社が運営しているカルチャーセンターにも音楽コースがあるなんて場合もありますので、お見逃しなく。

ヤマハ以外の楽器メーカー系でも近年大人向け教室が充実してきており、「カワイおとなの音楽教室」やローランド・ミュージック・スクールなどにも人気が集まっています。また、大人に特化した教室としては、ＥＹＳ音楽教室やシアーミュージックなどがあります。

先ほどご紹介した「夜のカラオケ」みたいにやや変わったジャンルや楽器は、カルチャ

60代♀ 幼稚園の時、ヴァイオリンを習っていたがうまく弾けずにピアノを習い始めた。このまま年をとってヴァイオリンが ↗

ーセンターや個人教室が頼りになるかもしれません。ひとつのカルチャーセンターにさまざまな教室があるのは、多くの場合、先生個人との契約で運営されているからです。

そして、その個人教室こそ、実にさまざまなタイプが揃っています。コンクール等の入賞実績で有名な教室もあれば、大人専門の教室もあります。また教える楽器や歌も非常に多彩で、ひとつに特化した教室もあれば、複数教われる教室も。生徒数も数人規模から1000人規模まであり、講師の数も主宰者1人から何人もの講師がいる教室まで。講師のタイプも千差万別です。

これらの要素をよく検討して、自分に合った教室選びをしていただければと思います。なお、主要な音楽教室については、拙著『「音楽教室の経営」塾』②【実践入門編】30〜36ページに一覧でまとめてあります。併せてご覧ください。

ところで、初心者が教室通いを思い立って、まず考えるのは大手教室だと思います。そこで大人向けの二大教室であるヤマハと島村楽器の音楽教室の特徴を次ページ表9にまとめてみました。島村楽器は、レッスン生の目的に応じて「ミュージックサロン」と「ミュージックスクール」の2本立てで運営しています。サロンは高校生以上を対象とした予約制個人レッスン、スクールは子どもから大人までを幅広く対象とした曜日・時間指定の個

50代♀ ジムに行くのは辛いけど、健康にいいことをしたいと思って（歌）

《表9》大人向け二大音楽教室の特徴

	ヤマハ大人の音楽レッスン	島村楽器音楽教室
指導方針	「音楽をともにわかちあう」———私たちは、人々とともに音楽を奏で歓びをわかちあい一人ひとりの夢の実現をサポートします	お1人お1人のご希望や目的に合わせオーダーメイドレッスンをご提供する
教室数／受講生数	約1200教室／約11万人	約160拠点 約3万人
講師数	講師約4400名	講師約1400名 インストラクター約250名
レッスン予約	曜日・時間指定	〈サ〉予約制 〈ス〉曜日・時間指定
男女比(男:女)	男 38%　女 62%	男 45%　女 55%
グループレッスン：個人レッスン比率	個人 35% グループ65%	個人 83% グループ17%
受講生の平均年齢	49.8歳	47.4歳
30代以下：40代：50代：60代：70代 比率	30代以下　24% 40代　19% 50代　23% 60代以上　29% (無回答他　5%)	30代以下　32% 40代　21% 50代　22% 60代以上　25%
勤め人:主婦：無職：他　比率	5：2.5：1：1 (無回答他0.5)	—
月間レッスン回数	平均2.8回	3回～4回
URL	https://school.jp.yamaha.com/music_lesson/	https://www.shimamura.co.jp/lesson/

※「ヤマハ大人の音楽レッスン」は2015年受講生アンケートをもとに作成（教室数／受講生数／講師数は2018年6月時点。受講生に「青春ポップス」は含まず）
※島村楽器は同社提供の2018年9月時点のデータ（対象：20歳以上の会員）。
〈サ〉：サロン、〈ス〉：スクール

50代♀　たまたま通りかかった楽器店で孫が興味を示したウクレレを弾いてみたら簡単だったので2台購入した（ウクレレ）

人レッスン・グループレッスン選択型の教室となっています。

▼教室探しの流れ

次に教室探しについてです。まずは、大まかな流れをまとめましたので、参考になさってください。

〈教室探しフロー〉

1．習う音楽（楽器、ジャンルなど）を決定（決まっていない場合は、複数の候補で検討するのもＯＫ）

2．習う場所の候補地は、自宅近隣だけではなく、通勤経路なども念頭に、通いやすさをよく考えて選ぶ

3．音楽教室の情報を集める

●候補地域で見かけるチラシ、看板

●インターネット検索（大手教室ＨＰ／自宅近隣や通勤経路のカルチャーセン

↗ 修理に出し、自分が習い始めた（ヴァイオリン）

ター、楽器や指導者団体のＨＰ／「候補地域（または駅）名　音楽教室」、「候補地域（または駅）名　楽器名」などで検索）

＊ピアノの場合は、ピティナＨＰからアクセスできる会員講師紹介制度あり。最寄り駅や住所から教室を検索でき、最近では年間1万件前後の講師紹介実績がある（紹介は無料）。

●クチコミ、紹介

4. 音楽教室の候補を絞り、教室ＨＰや地域の情報などから教室について調べる

●対象の生徒層（大人ＯＫか？　初心者ＯＫか？　楽器のレンタル可能か？　など）

●教室の理念や方針、講師の経歴や専門分野、指導歴など

●レッスン・システム（１２０～６参照）、発表会の開催状況など

⇓わからない場合は体験レッスンなどで確認

5. その他

●過剰な宣伝文句、レッスン料の大幅割引には要注意

体験レッスンまたはレッスン見学が可能な日を問い合わせ、ＧＯ！

50代♀　両親ともに亡くなり実家の片づけをしていたら、母が若い頃使っていたヴァイオリンを発見。弦も切れていて無残な姿だったので、↗

このような流れで、できれば複数の教室を選び、体験レッスンを受けて自分の好みと合うかどうかを検討します。

▼体験レッスン、レッスン見学

多くの音楽教室では第2章36ページでお伝えしたとおり、無料または少額の料金で「体験レッスン」や「レッスン見学」を行っています。

体験レッスンの参加率を調べてみると、30代まではおよそ9割が入会前に体験レッスンを受けるのに対し、40～60代は約8割、70代以上では6割ほどです。

我々中高年には、**「断ったら悪いのではないか」**とか、**「この年で習うというのは恥ずかしい」などと、自分で勝手にハードルを上げてしまう傾向があるのかもしれません。しかし何歳になっても「習うなんて恥ずかしい」などということはありません。**島村楽器の音楽教室が掲げる3つの特長のひとつに「どなたでも、いつからでも」というものがありますが、まさにそのとおりだと思います。

逆に、とても残念なことですが、先生が年下だったりすると、時折「生徒になってや

↗ 3人の先生に習っているので練習が大変だけど、自分で作った曲を弾き語る喜びを満喫中（歌＆ピアノ＆ギター）

る」と言わんばかりの横柄な態度をとる人がいるとも耳にします。

体験レッスンやレッスン見学は、講師との相性や希望に合うレッスンが受けられる教室かを見極める場。先生に「この人を教えたい」という気持ちになってもらえなければ、レッスンの質も上がりません。ぜひ先生の立場も尊重し、体験や見学を行っていただきたいと思います。

〈体験レッスンでのチェックポイント〉

一大決心をして体験レッスンに臨むことになりました。さて、何をどうチェックしたらいいのでしょうか？　30分程度のレッスンで、教室の良し悪しを判断するのはかなり難しそう。こちらは素人ですから講師の指導レベルは判断できませんし、近年急拡大した教室の中には規模拡大が優先で、指導力のない素人同然の人を講師に採用している例もありますから、規模が大きめであれば安心、というわけにもいきません。

そこで、いくつか体験レッスンでのチェックポイントをお伝えしたいと思います。

(1)講師に直接聞いてみるといいこと

大手音楽教室の講師は、それぞれ採用試験や研修を受けているので一定のレベルが保証

50代♂　弾き語りをやりたくて歌とピアノを習い始めたら、作曲を教えてくれるというギターの先生に出会って、ギターも。↗

されていますが、個人の音楽教室は特に資格もないため、まさに玉石混淆で、〝師〟と仰ぎたくなるような先生もいれば、そうでない場合もあります。また、いくら**ご本人の演奏レベルが高くても、音楽を専門的に学び教える実績を積んでいないと、適切な指導はできません。**スポーツの世界で「名選手必ずしも名監督ならず」と言われるのと同じです。ですから失礼のない範囲で、指導歴（単に指導年数ではなく、大人の指導歴やこれまで指導した大人の生徒数など）や得意ジャンル、そのジャンルをどうやって学んだのかなどは、体験レッスンで何気なく質問し、確認するといいと思います。表向きの学歴や演奏歴に惑わされないよう注意が必要です。また講師との〝相性〟も重要ですから、体験時の会話を通じて確認しておきましょう。

（2）教室の内外装、室内の楽器に着目

大人の音楽教室は、外装はシンプルでも室内は豪華、という教室が数多くあります。管楽器などでは設備が何もない教室もありますし、アップライトのピアノ1台の教室やグランドピアノ2台以上ある教室までさまざまです。長く習う前提で、通い始め10回くらいのレッスンの進め方を聞いて、そこで自分が習っている姿をイメージしながら考えるのも大切です。

70代以上♂ 中学時代に吹いていたトロンボーンを、リタイア後にビッグバンドでのライブを目指して再開した（トロンボーン）

またヤマハの「青春ポップス」のように明確なコンセプトがある場合は別として、歌の教室でも何か鍵盤楽器がないと少し心配です。正しい音程（1オクターヴとか、ドからミなど）をレッスン生に正確に示すには、鍵盤楽器の使用が効果的だからです。

(3) 楽譜や教本について

初心者が音楽を習う際、一番大きなハードルが「楽譜」というのはよく耳にします。苦手な人は、最初に「楽譜は使いたくない」旨伝え、それを受け入れてくれる教室を選ぶといいでしょう。歌やギター、ケンハモなどでは楽譜を使わない教室も多くあります。

ただ個人的な意見としては、「楽譜が苦手」というのは先入観みたいなもので、単に学生時代の音楽の授業がつまらなくて覚える気がなかっただけの人も多いのではないかと思っています。ですから「〝食べず嫌い〟なだけかも」と思える人には、「この際楽譜にも挑戦してみるか！」くらいの気持ちになってもらえるといいな、と思っています。

なお、どのような教材を使うのか（あるいは教材は使わないのか）もチェックポイントです。オリジナルなテキストが用意されている、レベルに応じた教材が決まっている、好きな教材が選べるなど、教室によってさまざまです。

30代♀ 親が習い始めたので、自分もやってみたくなった（ヴァイオリン）

第7章

音楽を人生最高のパートナーとするために

▼習う人の数だけ習い方がある

子どもの頃の音楽教室は、一緒に習う生徒さんもご近所で、幼稚園や小学校のお友達。習う内容も教室によって使う教材に違いはあっても、楽器のオーソドックスな演奏方法でした。それに対して大人の教室は、これまでご紹介してきたように、演奏楽器やジャンルは多種多様。例えば、同じ「歌」でもイタリア歌曲やドイツリート、ジャズ、シャンソン、ポピュラー、ゴスペル、歌謡曲……さらには日本の民謡や端唄までと、ジャンルが豊富なうえ、デュオや合唱もあります。さらに合唱には男声、女声、混声があります。楽器や歌とジャンルを組み合わせれば、それこそ何百という組み合わせです。

とはいえ、専門家になるわけではありませんから、第3章でご紹介した言葉をお借りすれば、その中から**〝好きなものを好きな時に好きなだけ楽しめる〟のが大人の音楽教室通いの醍醐味**かもしれませんね。

そんな音楽教室通いをもっともっと楽しんでいただくために、レッスン生たちの声を「あるある話」としてご紹介します。

そして最後に、これまでの取材やアンケート、自分のレッスン経験を踏まえて「音楽教

60代♀ 孫と連弾したくて（ピアノ）

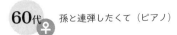

室通い10カ条」を作ってみました。みなさんが音楽を長く楽しみ、人生の充実感を味わうための参考にしていただければ、と思います。

▼音楽教室あるある――思わぬ効果や発見、変化…

まず音楽教室通いを始めてみると、思いもしなかった効果や発見、変化があるようです。仕事に役立ったり、健康に効果があったり、思わぬ道につながっていたり……。

その一つひとつにストーリーがあって、できればその過程などにも触れたいのですが、紙面の制約から短い文にして、できるだけ数多くご紹介したいと思います。習って感じた思わぬ効果や発見を〈思わぬ効果編〉、つい吹き出したくなる楽しい話を〈ついつい吹き出し編〉、そして思わず頷きたくなる言葉は〈名言編〉としてまとめました。

〈思わぬ効果編〉

【仕事に役立った！】

★ピアノを習ったらＰＣもブラインドタッチできるようになった。

★発表会で人前に出るのに慣れたことで、いつもド緊張してうまくいかなかったプレゼンがうまくいくようになった。どうも音楽を習って舞台度胸や表現力がついたみたい。

★教室の発表会Ｌｉｖｅが半端ない。プロの先生

30代♀ 一応、音大でフルート専攻だったが５年以上中断。音大卒であることを隠し趣味として再開（フルート）

と共演できる感激を味わいながら、教室を主宰する先生のプロデュース力を身に付けたくて積極的に手伝った。今では会社のイベントはお手の物。これまで口うるさかった上司も絶賛！昇格できました!!

★言語外のコミュニケーション力が高まり、これが意外にも仕事に役立っている。ビジネスは理屈だけじゃなく、普段の表情やはつらつさも大切、としみじみ実感。こっちが生き生きしていると、相手も生き生きしてくれるものですね。

★朝活代わりに毎日練習をしてから出社するようにしたら午前中の仕事がはかどるようになった。

★取引先のお偉いさんとギターの話で盛り上がり、一緒に飲みに行ったりライブに行ったりするようになった。

★ピアノでいくら練習してもできなかったフレーズが、次の日突然できるようになる不思議を何度か体験。これがヒントになって、仕事でも諦めずにチャレンジし続けることで突破口が開けるようになった。

【健康にいい！】

★ピアノを習ってから、よく眠れるようになった。睡眠障害、治ったかも。

★歌ったらノドだけではなく、お腹周りがほっそりした。

★日々の練習で指を動かすことがボケ防止になっていると実感！

★マラソンとフルートは呼吸器系の使い方で通じるものがある。フルート練習がマラソンのヒントになるなんて、ビックリ！

★歌で口角を上げるよう指導されているうちに「笑顔がすてき！」と言われることが多くなった。

★肩こりが軽くなった。姿勢がよくなったとも言われる。

【悩み解消 or 出会い or 人生充実！】

★悩みがある時、ストレスがある時、ピアノが私の精神安定剤になっている。

★自己流でやっていたが、一大決心して習い始め

40代♀ 嫁姑関係をよくするために、一緒に習えるアンサンブルコースを受講（ヴァイオリン、姑はピアノ）

たら、やりがい、集中力がUP！　ライフワークも変化して、人生の豊かさを実感。
★今まで歌が下手なことがコンプレックスで、カラオケに誘われても行くことはなかった。思い切って歌を習いに行って1年。今ではみんなをカラオケに誘っている。こんなに楽しいのなら、もっと早くに習うんだった。
★「趣味は？」と聞かれて「サックス！」と答えると、「カッコいい！」「すごい！」と言われる。内緒だけど、最近無料セミナーなどに参加して、「ご趣味は？」と聞かれるのを待っている。
★歌うことって楽しいな、と感じる。そうしたらいろいろな音楽に共感できるようになった。
★70歳になってピアノを始めて1年でこんなに弾けるようになるとは思わなかった。いくつになっても成長できることがわかって、いろいろなものに挑戦する気力が沸いている。
★フルートを習っているが、何度か発表会に出るうちに、同じ教室のピアノやヴォーカルなどの人とも親しくなり、とっても多くの仲間ができた。これは財産だ！って感じ。

★発表会。緊張したけど終わったら拍手喝采！拍手浴びる幸福感がこれほどとはビックリ！
★ピアノで脱力を徹底的に指導され、これまでの人生では知らないうちに力が入り過ぎていたことに気が付いた。今では脱力で、豊かさを実感している。

30代 ♀ アマオケの練習とは別に、個人的にレッスンを受けたいと思い（チェロ）

★最初は耳コピで演奏していたＪＡＺＺ。やっているうちに楽譜や楽典に興味が沸き、今では自分なりにＪＡＺＺ理論を理解できたと感じる。それでも奥は深く、まだまだ学びたい。ＪＡＺＺ理論のさらなる学びが、残りの人生最大のライフワーク。

★教室を介して貴重な出会いがあった。

★音楽教室仲間にはいろいろな人がいて、料理好きの人に料理を、テーブルコーディネーターに食卓作りを習うようになった。見違える我が家の食卓に、旦那も息子も大絶賛！　どんなもんだい、と自慢気の私ですが、まさか音楽が食卓につながっていたとは!!

★家族でそれぞれ好きな楽器を選んで習おうということになったら、選んだのは私（父）と息子がギターで、妻と娘はウクレレ。今まで会話のなかった父と息子がギターで会話が弾むようになった。

★子どもの頃習っていたヴァイオリンに再チャレンジ。最初子どもの頃の気分でクラシックを習ったが、簡単な曲ほどうまく弾けず、イライラ。思い切ってアイリッシュに転向したら、楽しくて仕方ない！

★専業主婦としてずっと子どもや夫の面倒をみてきたので、先生に〝指導〟されるのが新鮮。

★震災や夫の他界で落ち込み生きる気力もなくなったが、教室に通い始めてからはピアノの練習が生きがいになっている。毎週予定があることも嬉しく、レッスンが待ち遠しい。

〈ついつい吹き出し編〉

★ピアノを習い始めたら、会社で自分の机をつい指で叩いてしまう。周りの同僚から「最近イライラしてる？」と心配されてしまった。

★世の中にはいろんな意味で面白い人がいるものだと思った。習っている先生のことですが（笑）

★ギターを習い始めて人の爪や指先が妙に気になるようになった。ピアノを習っている人は全員

↗トランペットを選んで体験レッスンに参加した（トランペット）

爪が短いし、弦楽器をやっている人は指腹の皮が厚い！

★所沢店があるのにわざわざ同じ教室の銀座店で習っている。「毎週銀座に用事がある」って生活に張りが出るし、友達に自慢もできる。

★今、ドラムに夢中。通勤途中の電車の中で、ドラムのことを考えているとつい足でバスドラムを叩くように床を叩いてしまう。大きなアクションをしてしまい、赤面！　なんてことが多くなった。

★音楽教室に行ってわかったこと。自分以上にやる気ある人いないじゃん！　今では月8回通ってます(^^)

★音楽教室に通いだしたのをきっかけに、お昼休みに、音楽好きの同僚たちと音楽談義で盛り上がるようになった。ただ全員年齢のせいか、曲名や演奏家の名前がいつも出てこない（笑）。「あの曲」「そうそう、その曲」で通じる不思議な世界。

〈名言編〉

★習うことによって、それが習慣になる。

★ピアノはライフワークとしていつまでも自分の人生に寄り添ってくれる。

★プロにならない演奏家は、究極の自己満足と贅沢を手に入れることができる。

★教室仲間とは、切磋琢磨ではなく余暇を共有できる連中。

★相手が職業や価値観などのバックグラウンドの

30代♂ 『スターウォーズ』のテーマ曲が好きで、自分も演奏してみたいと思った。楽器のことはよくわからないけど、一番目立つ楽器ということで ↗

違う人でも、楽器を通じてコミュニケーションができる。
★やってやれないことはない。やめたくなったこともない。
★新しい挑戦は、ネットワークを広げ、より豊かなライフスタイルをもたらす。
★楽器はいくつになっても新しい発見があることを教える教師。
★（教室入会という）一歩を踏み出す大事さ。この一歩が人生を大きく変えたことを知る。

▼あるある事例などに学ぶ音楽教室通い10カ条

以上の「あるある話」やこれまで本文でお話ししてきたことを踏まえて、音楽教室通い10カ条を作ってみました。豊かな人生への参考になれば幸いです。

【音楽教室通い10カ条】

① 小さくていいので目標を持つ

週に1回楽器に触る、今年は弾きたかった○○にチャレンジ！　など

② 上達を焦らない／人と比べない

上達した人が勝ちではありません。人生楽しむが勝ち、の精神で

↗以来、他のクラリネット曲も聴き、本格的に先生について習ってみたいと思った（クラリネット）

③つまずいたらすぐ講師に相談する
相談は早いほど解決も早いと思います

④ガチ派以外は真剣になりすぎない／壁は無理して乗り越えなくていい
壁はいつか越えられたら、と心にゆとりを持ちましょう！

⑤過去の肩書にとらわれない（年上でも威張らない、お客さん面しない）
教室では、「先生・講師」と「生徒」の関係。教わり上手になりましょう

⑥発表会に出る場合は、自己満足度を重視し人の目を気にしない
うまい、下手より自分が楽しめたか、が大事ですね

⑦喜びや楽しみは、分かち合う気持ちを大切に
家族や友人も音楽仲間になるとさらに楽しさUP！

⑧（…とはいえ）興味のない人には、音楽を熱く語り過ぎない
ついやりがちです(笑)。発表会に招く場合も「聴いていただく」気持ちで

⑨人の演奏を聴いたり、楽器店に足を運ぼう
いろいろな演奏を聴くと自分の演奏に役立ちます。情報収集も怠りなく

⑩何かできるようになったら、積極的に自分を誉めよう
いつでも自分は自分の最大の応援団。ポジティブに！

40代♂ 高校の吹奏楽部で吹いていたクラリネット。ずっと、しまいっぱなしになっていたが、ブラームスのクラリネット五重奏曲を聴き、感動。↗

▼時空を超えて、音楽とともに

音楽教室の魅力をお伝えする旅も、そろそろ終わりに近づいて参りました。その魅力を十分お伝えし切れたかどうか、そこは読者のみなさまのご判断にお任せするとして、少なくとも体験レッスンに申し込む、はじめの第一歩を踏み出す勇気を持っていただける本であることを願っています。

取材を通じて感じたことは、**音楽を習ってみようとは思っているものの、実際に体験レッスンにアクセスするハードルを非常に高く感じている人がなんと多いことか、**ということ。そして、**その壁を乗り越えたごく一部の人たちが、それまで考えも及ばなかった楽園を楽しんでいます。**

その、壁を乗り越えられた人たちですら、習ってみようかな、と思って即決した人はほとんどいません。前出のミュージック・キャンバス宮本由季先生によれば、HPを見ては悩み、また見て、というように何カ月も思い悩んだうえで、最後に「えいや！」という気持ちで申し込んでくる人がほとんどだといいます。

「自分にできるものだろうか」「音楽教室の講師は怖かったり、気難しかったりするのか

↗余裕ができてケーナを始めたが、もっと本格的な楽器を習いたくなってサックスにチャレンジ（サックス）

なぁ」……現在の音楽教室に通うレッスン生たちも、申し込みに至るまではそのような葛藤があったようです。

本書が、そんな悩める方たちの背中を押す1冊となることを願うばかりです。

そして、音楽の学びは深まれば深まるほど、作曲家との会話も弾むようになります。また、音楽の上ではヨーロッパでもアメリカでも、そして現代のみならず古代アフリカにすら、行くことができるのです。

それぞれに、さまざまな目的があって、習い方も人それぞれですが、習う人の数だけ違う楽しみ方があります。民族、人種、世代、男女などのジェンダー、価値観……**音楽があれば、言葉のみならず、あらゆる壁を乗り越えられる――そこに音楽の計り知れない魅力がある気がします**。

本書冒頭の東山堂CM第二弾に自ら出演志願し、サックスを習い始めた千葉次郎さん。ご子息の結婚式は終わりましたが、サックスの魅力にすっかりはまったようです。内装業の仕事が忙しく、思うようには通えないながらも結婚式後も習い続けています。もしかしたら、千葉さんの胸の内には「やがて生まれてくる孫に、オレのサックスを聴かせたい」――そんな新たな思いが芽生えているのかもしれません。CMの中で、間違いながらも結

50代♂ 中高はブラバン、大学はオケと学生時代はチューバを吹いていた。社会人になって長い間ブランクがあった。↗

婚披露宴で弾き切った福山雅治さんの「家族になろうよ」。その日が訪れた時、お孫さんの誕生祝いの席での演奏は、さらに優しく響き渡ることでしょう。

——音楽は、すべての壁を越える！

30代♀ カラオケが苦手で克服したいと思った（声楽）

おわりに

総務省「平成28年経済センサス――活動調査」（２０１８年6月発表）によれば、音楽教室の月謝の年間合計は約１２００億円。平均月謝約1万円としてレッスン生数は約１００万人です。子どもの方が多いでしょうから、大人は50万人もいないと考えられます。冒頭お伝えした20歳以上の楽器を習いたい潜在人口推定約２０００万人に比べ、あまりに少ない気がします。もし２０００万人が新たに音楽教室に通うようになれば、月謝合計は約２兆４０００億円。「世界一の音楽教育大国」になりそうです。音楽を習うことは、日本の社会全体に対する大きな経済貢献にもなりえることを示しています。

一方で同調査によれば、パチンコに19兆４０００億円、競輪競馬等に2兆２０００億円ものおカネが使われています。少しおカネの使い方に工夫が必要かもしれません。日本の消費構造が、より文化的な方向に変わることを願っています。

本書では音楽の学びが、音楽そのもの以外にもさまざまな道につながっていることをお伝えしました。考えてみると、その副産物を一番享受しているのは、何を隠そうこの私自身かもしれません。中学時代に楽器を好きになったことが、まさか銀行退職後のこのような人生の道へとつながっていようとは、想像だにしませんでした。

どんなことがきっかけでも、音楽を習う楽しみは、必ず人生の充実につながる――私自身、身を持ってそれを音楽から教えられた気がします。


本書は、資料提供や体験レッスン、講師の方々や受講生のみなさんへの取材などで全面的にご協力いただいた、ヤマハ大人の音楽レッスンを運営する一般財団法人ヤマハ音楽振興会の永井口咲子理事、神笠純子様、土屋修様、大友茂様、島村楽器株式会社の白石亜紀子様、伊地正治様、金井啓介様、大深英太様のご支援はじめ多くの方のご協力により日の目を見ることができました。心より御礼申し上げます。

中でも編集者として二人三脚で歩んできた音楽之友社の酒井まりさんの労苦を惜しまない働きなくして本書は成立しえなかったと思っています。執筆の過程で著者がたびたび行き詰まる中、多くの助言、サポートが支えになりました。心より感謝申し上げます。

紙面の都合により、ご協力いただいたすべての方をご紹介できないのは誠に残念ですが、可能な限り記させていただきます（以下、企業名敬称、法人格略）。

全日本ピアノ指導者協会（ピティナ）／福田成康専務理事・堀明久理事・加藤哲礼理

事・倉持欣幸様・森本綾子様、ヤマハミュージックリテイリング／城間佳代子様、東山堂／田口龍児様、山野楽器／金子明様、佐藤友章様、スガナミ楽器／中山洋様・中野ひかる様・高田恵理様、鈴木楽器製作所／多田和修執行役員、ヤマハ／稲満祐一様、ローランド／松村親様、村田朗先生、古屋晋一先生、ジャスミン音の庭室内楽クラス／多喜靖美先生と門下生の皆様、クレッシェンド音楽教室／斉藤浩子先生、ミュージックスクールＶｏｃｅ／廣瀬史佳先生とお仲間の皆様、ミュージック・キャンバス／宮本由季先生と淳様ご夫妻、セプテンバーミュージックスクール／細川玄先生、細川先生が指導されている荒川さくらＳｗｉｎｇの皆様、ソニーピアノの会の皆様、武藤新二様（電通）、伊藤健二様（明治学院大学）、にらさわあきこ様、高橋浩司様（友人）、大塚謙太朗様はじめオクターヴハウスの皆様、音楽之友社の皆様、そして取材やアンケートに応じてくださった数多くの音楽教室経営・運営に携わる職員や講師、レッスン生の皆様、その他にも本当に多くの方々にご協力いただきました。

ご協力いただいた皆様方にこの場をお借りして厚く御礼申し上げます。

２０１８年11月２日

大内　孝夫

著者プロフィール

大内孝夫（おおうち たかお）

1960年生まれ。みずほ銀行にて本部次長、支店長などを歴任。2013年より、武蔵野音楽大学教職員（進路指導／会計学講師）。日本証券アナリスト協会検定会員、ドラッカー学会会員、ピティナ正会員。これまでにない視点に立った進路・キャリア関連著書が音楽教育界で大きな話題を呼ぶ。経営、金融経済関連含め著作多数。音楽を愛し、人生を豊かに生きるための武器の磨き方をわかりやすく語ることに定評があり、企業、大学、高校、楽器店などでセミナーや講演を行っている。趣味はフルート、ピアノ、ケンハモの他、ウォーキング、釣り、ゴルフ、料理など多岐にわたるが、すべて中途半端で器用貧乏の典型。飲み歩きだけは欠かさない。

主な著作

『大学就職課発‼ 目からウロコの就活術』『「音楽教室の経営」塾』①②（音楽之友社）、『「音大卒」は武器になる』『「音大卒」の戦い方』（ヤマハミュージックメディア）、『３日でわかる〈銀行〉業界』、『日経キーワード2018-2019』（日経HR、執筆協力）、WEB連載歴「キャリアと就活　日経HR Labo」（日経HR）、「目からウロコの就活＆キャリアＱ＆Ａ」（音楽之友社）ほか。

――人生《じんせい》100《ひゃく》年《ねん》時代《じだい》“最強《さいきょう》の習《なら》い事《ごと》”――

そうだ！ 音楽教室《おんがくきょうしつ》に行《い》こう

ビギナーも、ガチ派《は》も、再《さい》チャレンジ派《は》も‼

2019年１月７日　第１刷発行
2019年５月31日　第４刷発行

著　者　大内孝夫《おおうちたかお》

発行者　堀内久美雄
発行所　株式会社音楽之友社
〒162-8716　東京都新宿区神楽坂6-30　電話03-3235-2111㈹
https://www.ongakunotomo.co.jp/
振替00170-4-196250

デザイン・DTP　朝日メディアインターナショナル株式会社
表紙装画　亀川イラスト事務所
本文イラスト　須藤裕子
印　刷　株式会社シナノ パブリッシングプレス
製　本　株式会社ブロケード

ISBN978-4-276-21232-9 C1073